DAS KATER KOCHBUCH

Milton Crawford

Aus dem Englischen von Stephan Pauli

BLOOMSBURY BERLIN
BLOOMSBURY PUBLISHING • LONDON • NEW YORK • BERLIN

Die Originalausgabe erschien 2010 unter dem Titel
The Hungover Cookbook bei Square Peg, London

BLOOMSBURY BERLIN

Umschlaggestaltung:
Rothfos & Gabler, Hamburg, unter Verwendung
einer Illustration von © Julia Späth
Satz: Alexander Weber
Druck und Bindung: CPI – Clausen & Bosse, Leck
Printed in Germany 2010
ISBN 978-3-8270-0992-0
www.berlinverlage.de

Ich wurde mir der Schwere meines
Katers erst gänzlich bewusst, als eine Katze
ins Zimmer **STAMPFTE.**

P. G. Wodehouse

KEINE

PAN

NIK!

E

in Kater ist eine Chance. Lassen Sie das einen Moment auf sich wirken. Möglicherweise können Sie das jetzt noch nicht glauben, doch wenn Sie mit diesem Buch erst einmal durch sind, werden Sie, so hoffe ich, Ihre Meinung geändert haben ...

Ein Kater bietet die Chance, die Welt ganz neu zu sehen und zu schmecken. Er verleiht Spontaneität und eröffnet abseitigen Gedanken und Taten Tür und Tor. Versuchen Sie etwas Neues. Versuchen Sie, Ihren Kater zu genießen, statt ihn einfach über sich ergehen zu lassen. Ich zeige Ihnen wie.

Auch wenn es für Ihren geschwächten Zustand reichlich grotesk klingen mag: Es führen viele Wege nach Rom, und ich werde Sie in die vielschichtige und subtile Kunst des Umgangs mit einem Kater einführen, die weit darüber hinausgeht, ihm einen labbrigen Rollmops in den Rachen zu werfen.

Sollten Sie aber gerade überhaupt nicht ansprechbar sein – einen Zustand, in den ich mich im Übrigen absolut einfühlen kann –, dann greifen Sie zum nächstbesten Schmerzmittel, trinken ein wenig Wasser und gehen geradewegs zurück ins Bett. Wenn Sie jedoch auch nur den Hauch von Appetit verspüren, dann lesen Sie jetzt weiter.

„Man muss nichts im Leben fürchten, man muss es nur verstehen. Und jetzt ist die Zeit gekommen, mehr zu verstehen, damit wir weniger zu fürchten haben." So lauten die berühmten Worte Marie Curies. Ich bin mir nicht sicher, ob sie dabei speziell an Kater dachte, doch für die Ziele dieses Buches gehe ich einfach mal davon aus. Denn auch Sie müssen sich nicht fürchten, denn ich werde Ihnen helfen, Ihren angeschlagenen Zustand zu verstehen und zu überwinden.

Das vom Kater angekratzte Gehirn ist regrediert. Das heißt, es wurde in ein Stadium infantiler Abhängigkeit zurückversetzt. Doch genau das ist der ideale Zustand, um sich von den abgestandenen Routinen des Erwachsenenlebens zu befreien. Dieses Buch hat es sich zum Ziel gesetzt, Ihnen nicht nur den Kater im Allgemeinen näherzubringen, sondern Ihnen zu helfen, Ihren ganz persönlichen Kater besser zu verstehen. Es erwartet Sie eine spannende Entdeckungsreise: eine Kater-Offenbarung. Dass „die Straße des Exzesses zum Palast der Weisheit“ führt, mag etwas übertrieben sein, dennoch hoffe ich, dass Ihre individuellen Ausschweifungen Sie dazu anhalten, etwas zu lernen und, viel wichtiger, sich etwas besser zu fühlen.

Dies ist ein therapeutisches Kochbuch, eine gastronomische Komödie, eine burleske Hommage an die Idee, dass es stets möglich ist, dem Scheitern einen Funken Hoffnung, der Verzweiflung einen Sieg und der Tragödie ein Lachen abzuringen.

Kommen Sie! Lassen Sie uns gemeinsam
diese schöne neue Welt betreten.

WIE LAUTET DIE DIAGNOSE ?

Kater sind etwas komplexer, als Sie im ersten Moment vielleicht vermuten würden.

Der britische Autor P. G. Wodehouse entwickelte in *The Mating Season*, einem seiner Romane über Bertram Wooster und dessen Butler Jeeves, die bis heute maßgebliche Klassifizierung aller Katertypen. Nach Wodehouse gibt es insgesamt sechs Kater: den *Zerbrochenen Kompass*, die *Nähmaschine*, den *Komet*, die *Atombombe*, den *Zementmischer* und das *Koboldkarussell*.

Dabei hat jeder Typ seine ganz eigenen Merkmale. Und bevor Sie überhaupt erst daran denken können, Ihren Kater zu bekämpfen, müssen Sie herausfinden, welche Spezies Sie gerade heimsucht. Wooster hatte seinen Diener Jeeves, der ihm dabei half, und meist gönnten sich die beiden den legendären Drink, der auf Seite 36 besprochen wird.

Leider ist Jeeves nicht in der Nähe. Doch Milton steht zu Ihren Diensten. Und zum Glück habe ich eine Reihe kurzweiliger Sehtests und einen kleinen Fragebogen konzipiert, die dabei helfen werden zu entscheiden, ob Ihnen gerade der Zementmischer Schwindel bereitet oder ob Sie von der Atombombe umgehauen werden.

SEHTEST
#01

Konzept: Roger Shepard

Wie viele Beine hat dieser Elefant?

a) .... Glauben Sie wirklich, dass das eine Rolle spielt, während ich im Sumpf existenzieller Verzweiflung versinke? Vielleicht sieben?

b) .... Ich habe zu große Schmerzen, um mich mit derartigen Fragen zu befassen. Doch auf den ersten Blick: zwei.

c) .... Was für ein lustiges Bild. Hat er fünf Beine?

d) .... Was?

e) .... Ihh! Das ist ja schrecklich. Was ist denn mit dem Elefanten los?

f) .... [unfähig, auch nur einen Laut von sich zu geben oder die Augen vollständig zu öffnen]

SEHTEST
#02

Libeer Lseer,

Auf den estren Blick mag es scinheen, dass desier Satz ziliemch swhecr zu lseen ist, doch wrude beiewsen, und villeeciht knönen Sie dies beeirts betätsigen, dass, soanlge die ertsen und leztten Bustachben eiens Wotres irhe koekrrte Poitsion einmhneen, es enie retliav einacfhe Aabufge für den Lseer datersllt, den Staz zu enftifezrn, sebslt wnen alle anerden Bchustbaen vrescmiht snid. Das liget daarn, dsas Lseer nciht jdeen Bchtusaben leesn, wnen sie ein Wrot lseen: Sie sancnen den Txet vlhmeier. Nratliüch szett disee Htpoyhsee voarus, dsas scih der Lseer in eenim ansemesgenen Zstaund bifednet, um enien nlomraen Staz zu leesn. Und, snid Sie weinstnegs dzau in der Lgae, jeztt, in Irhem vertkeraten Zstaund?

Wie lange haben Sie gebraucht, um diesen Absatz zu verstehen?

a) .... Ich verstehe ihn immer noch nicht. Ich bin bereits gerädert genug, quälen Sie mich also nicht noch mehr.

b) .... Etwa fünf schmerzhafte Minuten.

c) .... Wow. Echt cool. Nach einer halben Stunde musste mir jemand das Ganze erklären. Doch jetzt ist mir alles sonnenklar.

d) .... So lange, wie man braucht, um einen normalen Satz zu lesen, Sie Idiot.

e) .... Schon beim Lesen normaler Texte wird mir im Moment kotzübel; das hier war, als würde ich während einer langen Busreise versuchen, im Kopfstand zu lesen. Sie ekeln mich an.

f) .... grrrreeuughh [nicht identifizierbares Grunzen]

SEHTEST
#03

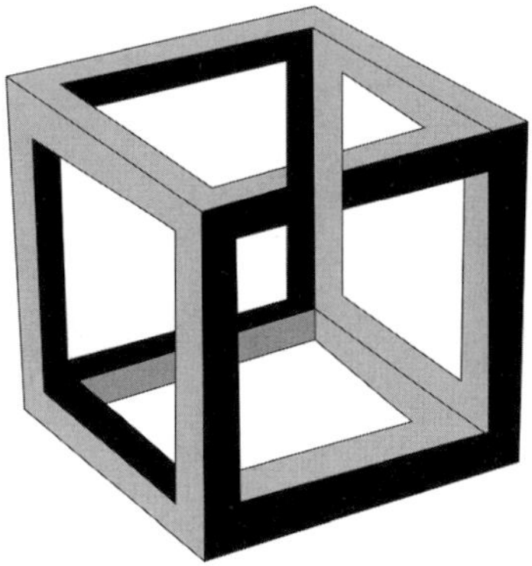

Was an diesem Bild kommt Ihnen seltsam vor?

a) .... Es ist total verwirrend. Eine unmögliche Form.

b) .... Je länger ich es betrachte, desto seltsamer erscheint es – und betrachtet man es aus verschiedenen Blickwinkeln, offenbart es verschiedene Möglichkeiten, was es sein könnte.

c) .... Ein lustiger Würfel, oder? Wie die Bilder dieses holländischen Mathematikers.

d) .... Selbst durch den Nebel meiner Kopfschmerzen kann ich erkennen, dass dieses Bild zwei gültige Interpretationen erlaubt (zwei verschiedene Würfelarten) – es ist absichtlich mehrdeutig und verwirrend. Deshalb ist es so seltsam.

e) .... Mir wird schlecht.

f) .... Ich. Bin. Noch. Am. Leben. Glaube ich jedenfalls.

SEHTEST
#04

Wie viele schwarze Punkte sehen Sie?

a) .... Die ganze Seite ist voller schwarzer Löcher, durch die ich jeden Moment fallen könnte.

b) .... Ich kann nicht sagen, ob die Punkte tatsächlich Punkte sind oder stachlige, punktgroße Schmerzen in meinem Kopf.

c) 25

d) .... Zunächst sehe ich weiße Punkte. Dann betrachte ich einen anderen Ausschnitt des Rasters, und ein schwarzer Punkt ist da, wo der weiße Punkt war. Moment mal; jetzt hab ich's kapiert: ES GIBT ÜBERHAUPT KEINE SCHWARZEN PUNKTE!

e) .... Es gibt nichts Brechreiz erregenderes als schwarze und weiße Punkte. Sind es zwölf?

f) .... *Nada*. Nichts [fühlt seinen Puls]. Äh, Entschuldigung, wie lautet die Frage?

FRAGEBOGEN

1 Wie fühlt sich Ihr Kopf an?

a) .... Als hätte ich vier Gehirne, die sich darüber streiten, wer ich bin und was ich als Nächstes tun sollte. Das bereitet mir Kopfschmerzen.

b) .... Immer wenn ich nicht hinsehe, scheint jemand hinterrücks mit etwas Scharfem (Stricknadeln vielleicht?) auf meinen Kopf einzustechen.

c) .... Wäre er nicht durch den Hals mit meinem Körper verbunden, wäre er wohl schon längst entschwebt.

d) .... Eine Bombe ist in meinem Kopf explodiert, und alles, was geblieben ist, ist das Trip-trap-trip-trap des Alkohols, der aus meinem leeren Schädel eine Tropfsteinhöhle macht. Mein Gehirn ist vollständig verschwunden.

e) .... Sorry, aber das habe ich jetzt nicht mitbekommen. Ich komme gerade aus einer Waschmaschine im Schleudergang. Würden Sie das wiederholen?

f) .... Was, ich soll noch einen Kopf haben?

2 Wie geht es Ihrem Magen?

a) .... Das kann ich nicht wirklich sagen. Manchmal wirklich prima, dann wieder, als hätte ein Hund stundenlang darauf herumgekaut und ihn dann voller Ekel auf den Teppich gespuckt.

b) .... Seltsamerweise hat sich derselbe Typ (oder einer seiner Komplizen), der gerade noch meinen Kopf mit etwas Scharfem malträtiert hat, nun meinem Magen zugewandt. Ihr Mistkerle!

c) .... Oh, ich denke, gut. Ich habe gar nicht dran gedacht; ich war viel zu sehr damit beschäftigt, vom Tauchen mit bunten Fischen zu träumen. Vielleicht ein wenig gebläht? Huch! Pardon.

d) .... So leer, dass selbst die leerste Leere im Abstellraum einer leeren Lagerhalle in einer verlassenen Industriebrache im allereinsamsten Viertel einer vergessenen Stadt immer noch mehr enthielte als mein Magen.

e) .... Er schwippt und schwappt; eine Fahrt in einem Ruderboot auf dem Atlantik ist nichts gegen das gegenwärtige Schlingern meiner Innereien.

f) .... Mein Magen meutert gerade gegen den Rest meines Körpers. Fragen Sie mich noch mal, wenn ich wieder die Kontrolle übernommen habe.

3 Und, lieber Leser, wie würden Sie Ihre Stimmung beschreiben?

a) .... Richtungslos. Geknickt. Am brüchigen und schroffen äußeren Rand der geistigen Gesundheit. Das Leben ist durch und durch sinnlos.

b) .... Sauer darüber, wie schmerzhaft das Ganze ist.

c) .... Ich fühle mich lediglich etwas ... hm ... seltsam. Und leicht. Und benebelt. Und ein bisschen albern.

d) .... Lädiert. Leer. Und hungrig.

e) .... Mulmig und unbehaglich.

f) .... Zerstört. Vollkommen zerstört.

4 Und was wäre im Moment Ihre ideale Betätigung?

a) .... Schmerzmittel und Bett? Maximal Zeitung lesen.

b) .... Ich muss jetzt vor allem herausfinden, wer ich bin und was ich mit meinem Leben anfangen will. Bis ich damit fertig bin, sehe ich keinen Grund, irgendetwas anderes zu tun.

c) .... Ich würde gerne mit Freunden plaudern und mir ein paar Gemälde anschauen. Oder den ganzen Tag Filme gucken. Oder Schlittschuh laufen.

d) .... Ich habe Hunger. Und ich gehe davon aus, dass ich nach dem Essen einen Drink brauche.

e) .... So lange still in einem dunklen Zimmer sitzen, bis das Wabern, Schlingern und Drehen aufhört.

f) .... Hätte ich einen Sarg, würde ich mich hineinlegen.

5 Was war das Schlimmste an letzter Nacht?

a) .... Dass ich wirklich jeden mit meinem dümmlichen Schwachsinn beleidigt und mich vor allen zum Affen gemacht habe. Ich schäme mich.

b) .... Die katastrophalen Folgen für mein Bankkonto.

c) .... Es war gar nicht schlimm; ich hatte viel Spaß, und wenn ich dran denke, muss ich immer noch lachen.

d) .... Ich erinnere mich an nichts. Was gut oder schlecht sein kann. Aber das werde ich später herausfinden.

e) .... Die blödsinnige Mischung an Getränken. Sekt, Bier, Whisky und Pernod vertragen sich nicht.

f) .... Heute.

DIE DIAGNOSE

Ich hoffe, die Sehtests und der Fragebogen waren nicht allzu schmerzhaft. Basierend auf Ihren Antworten, kann ich nun die unfehlbare Diagnose stellen, mit deren Hilfe Sie genau die Rezepte finden, die sich für Ihren speziellen Kater am besten eignen.

Wenn Sie die meisten Fragen mit **(a)** beantwortet haben, so leiden Sie fast sicher an einem **Zerbrochenen Kompass**. Daher rühren auch Ihre Orientierungslosigkeit, geistige Verwirrung und die Gefühle von Ruhelosigkeit, Angst und Selbsthass.

Wenn Sie die meisten Fragen mit **(b)** beantwortet haben, lautet die Diagnose **Nähmaschine**: Jetzt wissen Sie, warum sich Ihr Kopf anfühlt, als würde man ihn mit scharfen, spitzen Dingen torpedieren.

Sollten Sie, mein lieber Weltraumkadett, vor allem mit **(c)** geantwortet haben, so haben Sie den **Komet**, weshalb Sie gerade schwerelos durchs All wirbeln und auch generell ziemlich durch den Wind sind.

Wenn Sie meistens mit **(d)** geantwortet haben, haben Sie die **Atombombe** abbekommen. Deshalb auch das Gefühl, ein nuklearer Sprengkopf sei gerade in Ihrem Schädel detoniert.

Wenn Sie vor allem mit **(e)** geantwortet haben, leiden Sie am zutiefst widerlichen **Zementmischer**.

Und zuletzt, sollten Sie Armer haupsächlich mit **(f)** geantwortet haben, dann sitzen Sie im allseits gefürchteten und höchst qualvollen **Koboldkarussell**.

DIE REZEPTE

BEWERTUNGEN Alle Rezepte sind so konzipiert, dass verkaterte Köche sie auch unter Schmerzen und bar jeder Geduld möglichst einfach und schnell nachkochen können. Zudem habe ich alle Gerichte danach bewertet, *wie* einfach und schnell sie wirklich zuzubereiten sind, und die markiert, die etwas mehr Zeit und Aufwand benötigen.

SCHWIERIGKEITSGRADE

★ So einfach, dass selbst quälende Kopfschmerzen und Übelkeit kein Hindernis darstellen sollten.

★ ★ ★ ★ ★ Bei Verlust von Koordinationsfähigkeit, Gleichgewicht und Lebenswille ist dieses Rezept nahezu unkochbar; am besten, Sie holen sich Hilfe.

ZEITAUFWAND

★ Schnell genug, um Sie in nur wenigen Augenblicken vor dem Untergang zu bewahren.

★ ★ ★ ★ ★ Sollten Sie sich sehr schwach fühlen, werden Sie vermutlich vor Fertigstellung des Gerichts in Ohnmacht fallen.

Alle Rezepte sind für zwei Personen

1

DER ZERBROCHENE KOMPASS

Der Zerbrochene Kompass ist ein ausgesprochen psychologischer Katertypus, den Kingsley Amis als zutiefst „metaphysisch“ bezeichnet hätte. In seinem meisterhaften Buch zum Thema Alkohol, *Anständig Trinken*, schrieb er, dass der Metaphysische Kater „das mystische Gemisch aus Niedergeschlagenheit, Traurigkeit (diese sollten nicht verwechselt werden), Schreckhaftigkeit, Selbsthass, Gefühl des Versagens und Zukunftsangst“ darstelle. Obendrein fühlen Sie sich völlig ziellos und unentschlossen. Alles, was Sie heute noch tun könnten, ist sinnlos, zumindest denken Sie das gerade. Wieder ins Bett zu gehen, mag zunächst als die beste Lösung erscheinen, doch ich empfehle Taten statt Tatenlosigkeit, positives Denken statt rührseliges Selbstmitleid und ein Menü mit scharfer Hausmannskost, die Ihre Lebenslust neu entfacht, wie etwa Eier nach mexikanischer Art (Huevos Rancheros) mit einer hochbrisanten Variante der Bloody (oder Virgin) Mary. Nehmen Sie eine heiße Dusche, rasieren Sie sich, schneiden Sie sich die Fingernägel oder saugen Sie die Wohnung (falls Ihr Kopf nicht *zu* sehr schmerzt). Das wird Ihre schöpferische Ader anregen und Ihre Entschlossenheit ebenso wiederherstellen wie Ihr Selbstwertgefühl. Außerdem helfen draufgängerisch gewürzte Speisen. Das Leben hat einen Sinn; und etwas Schärfe fördert ihn sogar an einem Katermorgen zutage.

EIER BHURJI MIT GERÖSTETEM BROT

25 g Butter
—
1 TL Senfkörner
—
einige kleine Curryblätter
—
2 Frühlingszwiebeln, fein gehackt
—
½ TL Ingwer, geraspelt
—
½ scharfe grüne Chilischote, entkernt und sehr dünn geschnitten
—
1 Prise Kurkuma
—
½ TL gemahlenes Kumin
—
1 Tomate, gehäutet und gewürfelt
—
4 Bio-Eier, verquirlt
—
geröstetes Brot oder Buttertoast als Beilage

SCHWIERIGKEITSGRAD: ★ ZEITAUFWAND: ★★

Als ich in Südindien war, kochte mir eine reizende Frau namens Ratti dieses Gericht in ihrem Haus in den Wäldern von Karnataka. Ratti ist die beste und fleißigste Köchin, die ich je getroffen habe. Wenn ich nur an ihr Essen denke, bin ich zu Tränen gerührt (und nicht nur wegen der gewaltigen Mengen Chili, die sie benutzte).

Bei diesem Rezept handelt es sich im Wesentlichen um ein scharfes Rührei. Ratti servierte es mit Reis-Roti (Brot aus Reismehl), aber auch ihr geröstetes Brot schmeckte fantastisch. Genau das empfehle ich Ihnen zu Ihrem Rührei, wobei auch einfache Buttertoasts hervorragend dazu passen.

Miltons Methode ☞ Die Butter bei mittlerer Temperatur in einer Pfanne zergehen lassen. Die Senfkörner beigeben, umrühren, Curryblätter und Frühlingszwiebeln hinzufügen und das Ganze einige Minuten schmoren lassen, bis die Zwiebeln weich sind.

Ingwer, Chili, Kurkuma, Kumin und die gewürfelten Tomaten einrühren und einige Minuten unter gelegentlichem Rühren braten, anschließend die verquirlten Eier beigeben.

Die Hitze reduzieren und gelegentlich umrühren, bis die Eier gar sind. Sofort auf geröstetem Brot oder Buttertoast servieren.

ANNAS UND TOMMYS MEXIKANISCHES FRÜHSTÜCK

Olivenöl zum Anbraten
—
½ Zwiebel, fein gehackt
—
1 Knoblauchzehe, zerstoßen
—
½ grüne Chilischote, entkernt und gehackt
—
4 polnische Kabanossi, in kleine Stücke geschnitten
—
3 mittelgroße Tomaten, gewürfelt
—
2 Weizen- oder Maistortillas
—
2 Eier von freilaufenden Hühnern
—
1 Handvoll geriebener, reifer Cheddar-Käse
—
Jalapeño-Schoten (am besten aus dem Glas) zum Abschmecken
—
Salz und schwarzer Pfeffer

SCHWIERIGKEITSGRAD: ★ ZEIT: ★★

Dieses Rezept verdanke ich zwei meiner liebsten Trinkgenossen, die ich in viele Pubs, von Gypsy Hill bis Stoke Newington und darüber hinaus, begleitet habe. Wir haben es nie zu einem Besäufnis in Mexiko geschafft, doch dafür gab es auch keinen Grund: Schließlich brachten die beiden Mexiko zu mir, wenn auch – via Polen – in der leicht unorthodoxen Gestalt dieses wunderbar herzhaften und scharfen Gerichts.

Miltons Methode ☞ Öl bei mittlerer Hitze in einer Pfanne erhitzen. Zwiebeln hinzufügen und braten, bis sie leicht glasig und weich sind. Dann Knoblauch und Chili beigeben und eine weitere Minute braten.

Wurststücke in die Pfanne geben und unter gelegentlichem Rühren weitere 5 Minuten braten. Tomatenwürfel dazu, zum Kochen bringen, dann die Hitze verringern und etwa 5 Minuten köcheln lassen.

Tortillas im Ofen (oder Grill) warm machen und währenddessen die Eier mit etwas Öl in einer extra Pfanne braten.

Die heißen Tortillas auf die Teller legen, ohne sich die Finger zu verbrennen. Die Kabanossi-Tomaten-Mischung auf die Mitte der Tortilla geben, dabei die Ränder aussparen, damit die Füllung nicht ausläuft. Darauf den geriebenen Käse streuen und nach Geschmack einige Jalapeños legen. Die Tortillas vorsichtig an den Rändern einklappen und kleine Taschen formen.

Auf jede Tasche ein Spiegelei geben. Mit Salz und Pfeffer würzen und sofort servieren.

Falls Ihre Frau oder ein anderer Partner neben Ihnen liegt und willig ist, praktizieren Sie den Geschlechtsakt SO EMSIG wie nur möglich.

Die Ertüchtigung wird Ihnen guttun und – vorausgesetzt, Sie machen sich etwas aus Sex – Sie aufheitern.

Vorsicht ist geboten: (i) Falls neben Ihnen jemand liegt, der dort nicht hingehört, und Sie auch nur das kleinste Quentchen Reue spüren: Verzichten Sie. Schuldgefühl wie Scham sind wichtige Bestandteile des M[etaphysischen] K[aters] und erhalten durch eine solche Nachlässigkeit zwangsläufig weiteren Vorschub. (ii) Aus genau diesem Grund sollten Sie die Sache auch nicht selbst in die Hand nehmen, falls Sie ganz alleine erwachen.

Kingsley Amis

aus *Anständig Trinken*, Berlin 2008 (Orig. *On Drink*, London 1972)

PIZZA MIT DEN BRATENRESTEN VON GESTERN

2 fertige Pizzaböden, aufgetaut
—
100 g frisch geriebener Parmesan oder Grano Padano als Beilage

Für die Tomatensoße:

Olivenöl zum Anbraten
—
3 dicke Knoblauchzehen, zerstoßen und fein gehackt
—
1 Dose Tomaten (400 g), von guter Qualität
—
1 EL Balsamico-Essig
—
1 EL Tomatenmark
—
1 TL getrockneter Oregano

Schwierigkeitsgrad: ★ Zeit: ★★

Eigene Pizzaböden zuzubereiten mag eine höchst befriedigende Angelegenheit sein, für Kateropfer ist es jedoch viel zu anstrengend. Deshalb verwende ich für dieses wunderbar einfache Rezept ausschließlich Pizzaböden aus dem Supermarkt, die ich mit Bratenresten vom Vortag veredle. Das Fleisch sollte jedoch nicht zu trocken sein; durchgegartes Rind oder trockenes Schwein werden auf Ihrem italienischen Fladen nur noch dröger (oder gar ungenießbar). Sie können ihn auch mit gewürfeltem Speck (am besten kleine Stücke gestreiften Speck, Lardon oder Pancetta) oder Wurstscheiben belegen.

Meiner Meinung nach ist eine hausgemachte Knoblauch-Tomatensoße mit scharfen Fleischresten und eingelegten Chilis eine unwiderstehliche Kombination für jeden verkaterten Gaumen. Sie werden mir sicher zustimmen!

Miltons Methode ☞ Gefrorene Pizzaböden zunächst auftauen lassen.

Für die Tomatensoße Öl in einer Bratpfanne bei niedriger bis mittlerer Flamme erhitzen. Den Knoblauch zugeben und etwa eine Minute unter gelegentlichem Rühren dünsten: Der Knoblauch soll sich nicht verfärben, sondern das Öl würzen. Da das Öl aus der Pfanne spritzt, den Balsamico-Essig vorsichtig zugießen und die Flüssigkeit 3–4 Minuten reduzieren lassen. Tomaten und das Tomatenmark einrühren, zum Kochen bringen und Oregano beigeben, dann die Temperatur verringern und auf

Für den Fleischbelag:

Olivenöl zum Anbraten

—

½ grüne Chilischote, entkernt und fein gehackt

—

4 eingelegte Jalapeños (aus dem Glas), halbiert

—

ca. 250 g Bratenfleisch (Rind, Lamm, Huhn oder Schwein) in mundgerechte Stücke geschnitten

—

½ rote Paprikaschote, entkernt und in Würfel geschnitten

—

1 Handvoll Oliven, entkernt und halbiert

—

Salz und Pfeffer zum Abschmecken

ganz kleiner Flamme und unter gelegentlichem Umrühren etwa 20 Minuten köcheln lassen, bis die Mischung dick, fast klebrig ist.

Den Ofen auf 220 °C (Gas: Stufe 7) vorheizen.

Für den scharfen Fleischbelag in einer weiteren Pfanne Olivenöl hoch erhitzen. Erst die halbierten Jalapeños, danach das Bratenfleisch, Paprika, gehackte Chilis, Oliven, Salz und Pfeffer beigeben und einige Minuten scharf anbraten, bis das Fleisch von einer leichten Ölschicht überzogen ist.

Zum Belegen der Pizzas die Tomatensoße und die Fleischmischung mit den Chilis zu gleichen Teilen auf die Böden verteilen.

Im oberen Teil des Ofens etwa 15 Minuten backen, bis die Pizzaböden knusprig sind.

Die Pizzas aus dem Ofen nehmen, mit Käse bestreuen, mit knackigem grünem Salat und, wenn Ihnen danach ist, einem eiskalten Bier servieren.

SHAKSHUKA

2 EL Olivenöl

—

½ Zwiebel, gewürfelt

—

2 Lorbeerblätter

—

1 Jalapeño, entkernt und in feine Scheiben geschnitten

—

½ rote Paprikaschote, entkernt und gewürfelt

—

2 Zehen Knoblauch, zerstoßen und gehackt

—

1 TL gemahlener Kumin

—

1 TL scharfes Paprikapulver

—

1 Dose (400 g) gewürfelte Tomaten

SCHWIERIGKEITSGRAD: ★★ ZEIT: ★★★

Der Name kommt einem an einem verkaterten Morgen nicht leicht über die Lippen, doch dieses Rezept, das Eier mit einer scharfen Tomatensoße kombiniert – ähnlich der mexikanischen *Huevos Rancheros* (siehe S. 38), wenn auch mit einem unverwechselbaren Hauch von Nordafrika oder Nahost –, ermöglicht Ihnen einen feurigen Start in einen Tag, der ansonsten düster und grau vorbeigezogen wäre.

Shakshuka gilt im Allgemeinen als israelisches Frühstücksgericht, wird aber auch in Marokko, Tunesien, Algerien und im Jemen gegessen. Die einzige ungewöhnliche Zutat ist das scharfe Paprikapulver, das der Soße seine wunderbar rauchige Note verleiht.

Diese Variante ist ziemlich scharf; wenn Sie es lieber milder mögen, können Sie die Mengen an Jalapeños, Paprika und Pfeffer halbieren.

Miltons Methode ☞ Das Olivenöl in einer Bratpfanne bei mittlerer Temperatur erhitzen und die Zwiebeln 5–7 Minuten andünsten, dabei gelegentlich umrühren, bis sie eine leicht goldene Farbe angenommen haben.

Lorbeerblätter, Jalapeño, Paprikaschote und Knoblauch einrühren. Eine Minute kochen lassen und dabei weiter umrühren.

Kumin und Paprikapulver hinzugeben und eine weitere Minute rühren.

1 Prise Zucker

—

Salz und Pfeffer zum Abschmecken

—

4 Bio-Eier

—

2 große Pitabrote, halbiert

—

einige Blätter glatte Petersilie zur Garnierung

Die Tomaten und eine Prise Zucker beigeben, mit Salz und Pfeffer abschmecken und bei schwacher Temperatur etwa 7 Minuten köcheln lassen, dabei gelegentlich umrühren.

Sobald die Soße verdickt ist, 4 kleine „Krater" machen und jeweils mit einem rohen Ei füllen.

Die Mischung 2 Minuten auf kleiner Flamme weiterkochen, bis das Eiweiß fest wird, dann die Pfanne 3–4 Minuten bei mittlerer Temperatur mit Grillfunktion in den Ofen schieben. Darauf achten, dass das Eigelb nicht vollständig fest wird: flüssiges Eigelb ist essenziell.

Die Pfanne aus dem Ofen nehmen, die Eier mit Salz und Pfeffer abschmecken und, während Sie das Pitabrot rösten, beiseitestellen.

Das Pitabrot im Grill anrösten.

Die Eier aus der Soße heben, je 2 auf einen Teller geben und mit der Soße anrichten, dabei die Lorbeerblätter entfernen. Mit kleinen glatten Petersilienblättern garnieren. Dazu die Pitabrote reichen und ja nicht vergessen, sie in die leckere Soße zu tunken.

TEUFLISCHE NIERCHEN AUF TOAST

5 Lammnieren
—
Stück Butter
—
Salz und Pfeffer zum Abschmecken
—
4 dicke Scheiben Weißbrot
—
ein wenig Olivenöl für die Brotscheiben
—
1 kleine Handvoll glatte Petersilie, gewaschen und grob gehackt

Für die Soße:

1 EL Tomatenmark
—
1 ½ EL englischer Senf
—
1 TL Zitronensaft
—
½ TL Cayennepfeffer

SCHWIERIGKEITSGRAD: ★★★ ZEITAUFWAND: ★★

Dieses klassische Frühstücksgericht ist ein wohltuend pikanter, fleischiger Knaller, wenngleich glibberige Lammnieren an einem verkaterten Morgen nicht mit jedermanns Konstitution harmonieren. Dieses Rezept ist ziemlich scharf; sollten Sie es etwas milder mögen, reduzieren Sie die Menge Cayennepfeffer auf eine Prise und den englischen Senf auf einen halben Teelöffel. Achten Sie darauf, als Toast sehr dicke Brotscheiben zu verwenden. Ich empfehle, die Scheiben mit Olivenöl einzureiben und in einer gerillten Pfanne anzubraten. Sie können das Brot aber auch toasten und vor dem Servieren mit Butter bestreichen.

Miltons Methode ☞ Die Lammnieren häuten und mit einem scharfen Messer längsseitig halbieren. Mit einer Schere alles Weiße entfernen und die Nieren danach in kleine Würfel schneiden. Aber Vorsicht: Sie sind glitschig!

Die Soße in einer mittelgroßen Schüssel vorbereiten: Dazu werden alle Zutaten gründlich mit einer Gabel oder einem Schneebesen verrührt.

Die Butter in einer Bratpfanne bei mittlerer bis hoher Hitze schmelzen. Falls vorhanden, die gerillte Pfanne gleichzeitig auf hoher Flamme erhitzen.

Sobald die Butter in der Bratpfanne geschmolzen ist, die Nieren dazugeben und etwa 3–4 Minuten anbraten, bis sie goldbraun sind.

Die verquirlte Soße in die Bratpfanne geben und gründlich einrühren, damit alle Nierenstückchen damit bedeckt werden. Mit Salz und Pfeffer abschmecken, dann die Temperatur langsam verringern und 3–4 Minuten köcheln lassen.

Falls Sie eine gerillte Pfanne benutzen, die Brotscheiben mit Olivenöl bestreichen und Sie dann in die heiße Pfanne drücken (oder Sie toasten das Brot einfach und buttern es vor dem Servieren). Sobald das Brot auf beiden Seiten goldene Streifen hat, kommt es auf die Teller. Sofort mit den Nieren belegen und die Soße darüberlöffeln. Mit Petersilie garnieren.

KEDGEREE

2 Bio-Eier
—
20 g Butter
—
Olivenöl zum Anbraten
—
1 mittelgroße Zwiebel, in sehr dünne Ringe geschnitten
—
1 Knoblauchzehe, zerdrückt
—
20 g frischer Ingwer, geschält und geraspelt
—
5 schwarze Pfefferkörner, ganz
—
½ TL gemahlenes Kurkuma
—
½ TL gemahlener Kumin
—
4 grüne Kardamomkapseln, leicht zerdrückt, aber noch ganz
—
100 g weißer Basmati-Reis

Schwierigkeitsgrad: ★★★ Zeitaufwand: ★★★★

Kedgeree ist ein wahres Wohlfühlgericht – als Katerfrühstück nahezu perfekt, aber auch zu jeder anderen Tageszeit einfach gut. Die Riesengarnelen sind nur ein Vorschlag, schließlich entsprechen sie morgens nicht jedermanns Geschmack.

Miltons Methode ☞ Zunächst die Eier kochen – für dieses Rezept eignen sich hartgekochte Eier (6–8 Minuten) am besten. Die Eier mit kaltem Wasser abschrecken und vor dem Schälen und Vierteln abkühlen lassen.

Die Butter und etwas Olivenöl in einer tiefen Bratpfanne bei mittlerer Flamme erhitzen und die Zwiebelringe anschwitzen, bis sie weich werden. Knoblauch, Ingwer, Pfefferkörner und die trockenen Gewürze dazugeben. Gut umrühren. Dann bei sehr kleiner Flamme etwa 15 Minuten weiter köcheln lassen, ab und zu umrühren, damit nichts anbrennt. Sollten die Zutaten zu trocken werden, die Pfanne vom Herd nehmen.

Währenddessen den Reis gründlich waschen, dabei das kalte Wasser mehrmals abgießen. Einen knappen Esslöffel Öl in einem schweren Topf erhitzen, den Reis dazugeben und so lange rühren, bis er glasig wird. Kochendes Wasser einen Finger breit über den Reis einfüllen, anschließend den Topf mit einer doppelten Schicht Alufolie gut abdichten und mit einem Deckel verschließen. Auf sehr kleiner Flamme 20 Minuten kochen. Der Reis ist gar, wenn alles Wasser vollständig aufgesogen

200–250 g ungefärbter geräucherter Schellfisch

—

12 geschälte rohe Riesengarnelen, frisch oder gefroren (nach Wunsch)

—

100 ml (oder mehr) Fischfond (hierfür die Garflüssigkeit des Fischs verwenden)

Zur Verfeinerung:

1-2 EL milde Korma-Currypaste

—

100 ml Crème fraiche

—

gehackte frische Petersilie (nach Wunsch)

worden ist und der Reis sich locker und flockig anfühlt.

Während der Reis kocht, den geräucherten Schellfisch in eine andere Pfanne geben, mit kochendem Wasser bedecken und etwa 10 Minuten köcheln lassen. Dann den Fisch mit einer Fischgabel auf einen Teller geben und das Wasser in der Pfanne aufbewahren. Den Fisch leicht abkühlen lassen, die Haut abziehen, mit einer Gabel zerrupfen und alle Gräten entfernen.

Falls Sie die Riesengarnelen verwenden, diese nun in die Fischbrühe geben und so lange köcheln lassen, bis sie sich rosa färben, dann zum entgräteten Fisch geben, die Brühe aufbewahren.

Den gekochten Reis in die Zwiebel-Gewürz-Mischung unterrühren, dabei 100 ml oder mehr von der Fischbrühe hinzugeben. Den zerrupften Fisch und gegebenenfalls die Garnelen in den Reis geben und zum Schluss die Korma-Paste und Crème fraiche einrühren.

Sofort servieren. Dabei jede Portion mit einem geviertelten Ei und nach Wunsch mit gehackter Petersilie garnieren.

BLOODY MARY

500 ml Tomatensaft von guter Qualität
—
100 ml Wodka
—
1 EL Ketchup
—
1 TL Zitronensaft
—
½ EL Worcestershire-Soße
—
Spritzer Tabasco nach Geschmack
—
Messerspitze scharfes Paprikapulver
—
Selleriesalz (oder Meersalz, falls Sie keines haben)
—
frisch gemahlener schwarzer Pfeffer

SCHWIERIGKEITSGRAD: ★ ZEITAUFWAND: ★

Es gibt so viele Bloody-Mary-Rezepte wie es Bloody-Mary-Trinker gibt: Ein jeder kennt seine eigenen Tricks für dieses klassische Kater-Therapeutikum. Ich behaupte nicht, dass dies die definitive Version des Rezepts ist, da ja jeder seine persönlichen Vorlieben hat, doch ich mag sie.

Wodehouses legendärer Butler Jeeves kannte einen Muntermacher, hinter dem so mancher eine Bloody Mary vermutete, allerdings mit rohem Eigelb. Sie können also gerne ein Ei hineinschlagen. Ich jedenfalls bevorzuge traditionellere Zutaten – der Ketchup vielleicht mal ausgenommen, der laut Kingsley Amis bekanntlich das „Erfolgsgeheimnis des Ganzen“ darstellt, und obwohl überhaupt nicht klar ist, was es bewirkt, bewirkt es „etwas ganz Wesentliches“.

Natürlich ist eine Bloody Mary auch keine bessere Katerkur als ein stinknormales Bier: Sie erhöht lediglich den Alkoholgehalt im Blut, und früher oder später wollen Sie womöglich wieder in einen Zustand zurückkehren, in dem sich gar kein Alkohol mehr in Ihrer Blutbahn befindet. Sogar ich versuche das hin und wieder. Machen Sie sich, wenn Ihnen danach ist, also ruhig auch mal eine Virgin Mary, indem Sie den Wodka einfach weglassen.

Zum Servieren:

Eis

—

2 Selleriesticks (wenn es Ihnen wirklich wichtig ist)

Die Selleriesticks werden zwar oft als unverzichtbar betrachtet, doch mir ist noch niemand begegnet, der gerne auf zähem Sellerie herumkaut, während er mit seinem Kater kämpft. Also nur verwenden, wenn Sie unbedingt etwas brauchen, mit dem Sie sich den Rücken kratzen können.

Miltons Methode ☞ Alle Zutaten in einen großen Maßbecher geben und gründlich mischen, bis sich der Ketchup vollständig im Tomatensaft aufgelöst hat.

Mit einer weiteren Prise Selleriesalz oder schwarzen Pfeffer abschmecken. Auf Eis in hohen Gläsern servieren, kurz umrühren, und falls erwünscht, in jedes Glas einen Selleriestick plumpsen lassen.

HUEVOS RANCHEROS

Olivenöl
—
1 Zwiebel, gewürfelt
—
1 große Knoblauchzehe, in sehr dünne Scheiben geschnitten
—
1 grüne Chilischote, entkernt und gehackt
—
1 Dose gehackte Tomaten (400 g)
—
1 Handvoll Koriander, gehackt
—
Salz und Pfeffer
—
1 Dose Refried Beans (mexik. Bohnenmus)
—
4 Maistortillas
—
4 Bio-Eier
—
1 Limone
—
1 rote Chilischote, entkernt und in feine Scheiben geschnitten (als Garnitur)

SCHWIERIGKEITSGRAD: ★★★ ZEITAUFWAND: ★★

Dieses klassische mexikanische Gericht aus Spiegeleiern „nach Rancher-Art", knusprigen Tortillas, Bohnenmus und einer scharfen Tomaten-Salsa, verleiht dem Tag die notwendige Würze, noch bevor er richtig begonnen hat.

Im Allgemeinen bevorzuge ich, alles frisch zuzubereiten, doch wer Refried Beans selbst kochen will, braucht ein hervorragendes Organisationstalent, und ich nehme an, dass Sie sich gerade in einem eher konfusen Zustand befinden. Deshalb empfehle ich, eine Dose zu kaufen, die Sie nur noch warm machen müssen. Die Bohnen verleihen diesem Gericht etwas ganz Besonderes, vor allem eine sehr angenehme Konsistenz.

Miltons Methode ☞ Ein wenig Olivenöl in einer Pfanne oder einem Wok erhitzen und Zwiebeln, Knoblauch und grüne Chilischoten etwa 5 Minuten vorsichtig braten, bis die Zwiebeln weich, aber noch nicht braun sind.

Die Tomaten und die Hälfte des Korianders dazugeben und mit Salz und Pfeffer abschmecken. Etwa 15 Minuten köcheln lassen, bis sich die Mischung leicht verdickt hat.

Währenddessen den Ofen auf 220 °C (Gas: Stufe 7) vorheizen und die Bohnen vorsichtig in einem kleinen Topf bei mittlerer Hitze erwärmen. Die Tortillas dünn mit Olivenöl einstreichen und für etwa 1 Minute in den Ofen schieben, bis sie golden und leicht knusprig werden.

Die Eier in einer zweiten, schweren Pfanne vorsichtig in Olivenöl braten.

Kurz vor dem Servieren den Saft einer Limone in die Tomaten-Salsa einrühren.

Auf jedem der (leicht erwärmten) Teller zwei Tortillas anrichten. Ein Viertel der Refried Beans auf jede Tortilla platzieren, danach etwas Salsa und die Spiegeleier darübergeben. Den Rest der Salsa auslöffeln und um die Eier verteilen. Mit dem restlichen Koriander und den roten Chilischoten garnieren, mit Limonenvierteln servieren.

Für fast jeden Kater gibt es nichts Besseres als ein leckeres Masala Dosa, doch für den Zerbrochenen Kompass ist es besonders gut. Masala Dosa – eine Art knuspriger Reismehlpfannkuchen mit einer scharfen Kartoffelfüllung – kommt aus Südindien und ist vor allem in Tamil Nadu populär. Es wird normalerweise (auch zum Frühstück) mit Kokos-Chutney und einem scharfen Gemüsecurry namens Sambar gereicht. Verkatert kocht man es besser nicht selbst, und schon gar nicht zum ersten Mal. Denn es erfordert eine Reihe exotischer Zutaten und, damit es auch wirklich authentisch schmeckt, eher ungewöhnliches Küchengerät. Und es ist nicht ganz einfach.

Deshalb schlage ich vor, dass Sie entweder per Telefon nach Ihrem Dosa jagen, oder selbst schwankend Ihr nächstgelegenes südindisches Restaurant ansteuern. Viele Restaurants sind in der Lage, ein Dosa für Sie aufzutreiben, selbst wenn es nicht auf der Speisekarte steht. Fragen Sie einfach nach.

Die unschlagbare Kombination unterschiedlicher Konsistenzen – außen der knusprige Pfannkuchen, innen die weichen, luftigen, scharfen, gestampften Kartoffeln – ist ein ideales Wohlfühlessen und ein ungemein gesunder Start in den Tag.

2

DIE NÄHMASCHINE

Oh grausame Welt, deren Pfeile und Schleudern des Schicksals alle auf Sie gerichtet zu sein scheinen. Doch ist an diesen Pfeilen heute etwas Hartnäckigeres, etwas Präziseres, eine sich wiederholende, mechanische Dringlichkeit. Da ist nämlich eine Nadel. Sie wissen, dass es eine Nadel ist, denn Sie können sie spüren. Sie ist lang und sehr, sehr spitz. Sie sticht mit militärischer Präzision in verschiedene Stellen Ihres Kopfes, manchmal genau zwischen Ihre Augen, dann wieder in Ihre Schläfen und manchmal in Ihre Schädeldecke, die sich heute so dünn und empfindlich anfühlt wie eine Eierschale. Deshalb nannte P. G. Wodehouse diesen Katertyp auch die Nähmaschine, eine besonders sadistische Form, die sich als sehr irritierend erweist. Und sie tut weh. Schmerzmittel und viel Wasser sind die offensichtlichen Gegenmaßnahmen. Doch brauchen Sie außerdem etwas zu essen, das gleichzeitig beruhigend und wohlig wirkt; etwas, das den scharfen, unerträglichen Schmerz der Nähmaschine lindert: Essen, das sich anfühlt, als würden Sie sich in eine dicke Daunendecke einwickeln und so der unbarmherzigen Nadel entgehen. Versuchen Sie diese ultimativen Genesungsrezepte; Sie werden sich fühlen, als lägen Sie im bequemsten aller Betten. Und vergessen Sie nicht, dass Schlafmangel die Schmerzempfindlichkeit steigert, deshalb sollten Sie nach dem Essen noch einmal ein wenig die Augen schließen. Ahhh, ja, genau so. Schon viel besser, oder?

DAS ELVIS-PRESLEY-ERDNUSSBUTTER-BANANE-BACON-SANDWICH

4 dicke Scheiben Weißbrot von guter Qualität
—
2 EL Erdnussbutter
—
1 Banane, mit einer Gabel zerdrückt
—
1 EL Honig
—
8 Scheiben durchwachsener Bio-Frühstücksspeck
—
Butter zum Anbraten (nach Wunsch)

SCHWIERIGKEITSGRAD: ★ ZEITAUFWAND: ★★

Dieses Sandwich zeugt zweifellos von sehr zweifelhaftem Geschmack. Aber ist zweifelhafter Geschmack nicht Teil jeder ordentlichen Katererfahrung? Und überhaupt: Diese postmoderne Hymne auf amerikanische Maßlosigkeit in Brotform, diese Portion Rock 'n' Roll-Geschichte, dieser herzhafte arterienverstopfende Bissen ist weit mehr als ein bloßes Sandwich – er ist eine Legende.

Miltons Methode ☞ Alle Brotscheiben dick mit Erdnussbutter bestreichen. Zwei Scheiben mit der zerdrückten Banane bedecken und mit Honig beträufeln.

Den Speck so lange grillen, bis er knusprig ist, und gleichmäßig auf dem Bananenbrei verteilen. Jedes Sandwich mit einer zweiten Brotscheibe bedecken. Für zusätzliche Kalorienwerte (und Authentizität) jedes Sandwich vorsichtig in Butter braten.

Falls dieses Sandwich Einzug in Ihre Essgewohnheiten hält, sollten Sie sich auch gleich mit einem Herzchirurgen anfreunden. Sie könnten ihn eines Tages brauchen.

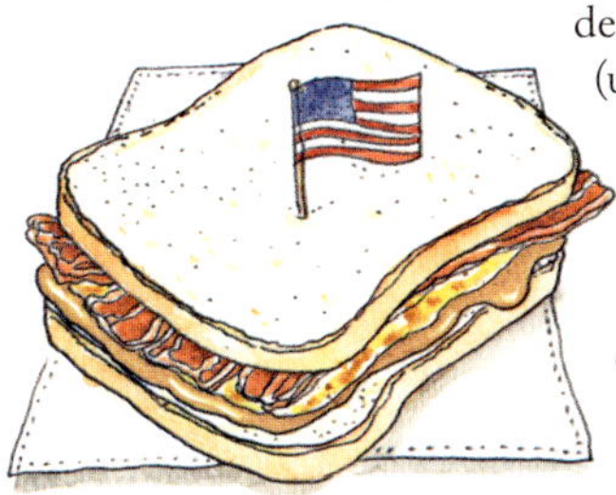

RÜHREIER MIT KARAMELLISIERTEN ZWIEBELN UND FETA

25 g Butter

1 Spritzer Olivenöl

1 mittelgroße Zwiebel, fein gehackt

½ TL Zucker

4 Bio-Eier

3 EL Vollmilch

125 g Feta

1 Handvoll fein gehackter Schnittlauch, 4 ganze Halme als Garnitur

frisch gemahlener schwarzer Pfeffer

4 Scheiben Toast mit Butter, zum Servieren 4 ganze Schnittlauchhalme

frisch gemahlener schwarzer Pfeffer

4 Scheiben Toast mit Butter, zum Servieren

SCHWIERIGKEITSGRAD: ★★ ZEITAUTWAND: ★★

Die Süße der karamellisierten Zwiebeln, die hier auf den salzigen und doch cremigen Fetakäse treffen, ist eine wunderbare Kombination. Und natürlich handelt es sich bei Käse und Zwiebel um die großartigste Paarung seit Adam und Eva, von Bogart und Bacall oder Lennon und McCartney ganz zu schweigen. Mit anderen Worten: ein Klassiker.

Und ein großartiges Rezept für all jene, deren Eier nicht zu sehr nach Ei schmecken sollen – was für manchen verkaterten Leser einen gewissen Sinn ergibt, für andere dagegen überhaupt keinen.

Miltons Methode ☞ Eine Bratpfanne bei mittlerer Flamme erhitzen und die Butter sowie einen Schuss Olivenöl hineingeben. Sobald die Butter geschmolzen ist, die Zwiebeln und etwas Zucker beifügen und etwa 15–20 Minuten kochen, dabei darauf achten, dass alle Zwiebeln von der Butter-Öl-Mischung überzogen werden und schön karamellisieren. Die Zwiebeln dürfen nicht anbrennen: also regelmäßig, aber nicht zu oft rühren. Sobald die Zwiebeln braun sind, die Temperatur leicht reduzieren.

Währenddessen die Eier mit der Milch verquirlen. Sobald die Zwiebeln eine kräftige goldene Farbe haben, die Hitze auf die unterste Stufe reduzieren und die Eier in die Pfanne geben. 5 Minuten unter gelegentlichem Rühren kochen.

Sobald die Eier etwas fester werden, die Hälfte des Fetas hinzugeben und vorsichtig unterrühren. Weitere 2 Minuten kochen, bis die Eier einigermaßen fest, aber nicht zu trocken sind, dann den gehackten Schnittlauch hineinstreuen.

Sofort auf Buttertoast servieren, den restlichen Feta darüberstreuen und jede Portion mit frisch gemahlenem schwarzem Pfeffer und zwei ganzen Schnittlauchhalmen garnieren.

KARTOFFELBREI MIT LAUCH, KÄSE UND SENF MIT WÜRSTCHEN UND ZWIEBELSOSSE

650 g mehligkochende Kartoffeln (z.B. Adretta oder Irmgard)

—

75 g Butter

—

1 kleine Stange Lauch, gewaschen, der Länge nach in 2 Hälften geteilt und dann gehackt

—

6 Bio-Würstchen vom Schwein

—

1 Zwiebel, in feine Ringe geschnitten

—

1 EL Mehl

—

300 ml Gemüse- oder Hühnerbrühe

—

2 EL Milch

—

1 EL Senf mit ganzen Körnern, dazu etwas mehr zum Servieren

—

60 g extra reifer Cheddar-Käse, gerieben

Schwierigkeitsgrad: ★★★ Zeitaufwand: ★★★

Das Wichtigste an diesem Gericht ist, dass der Kartoffelbrei König ist; nicht die Würstchen, die sich als kleine Höflinge vor der mächtigen Knolle zu verneigen haben. Das ist kein gewöhnlicher Kartoffelbrei. Kartoffelbreipuristen mögen zwar erschaudern und reflexartig nach ihren Erdäpfeln greifen, doch für mich stellt diese Kombination aus gebuttertem Lauch, scharfem Senf, extra reifem Cheddar und Mais, umgarnt von den wogenden Schichten der feinsten Frucht der Neuen Welt, einen unerreichten Genuss dar.

Die Würstchen sind nichtsdestotrotz eine appetitliche Nebenattraktion. Damit das Ganze nicht zu trocken wird, übergieße ich sie mit einer schimmernden, samtenen, blassen Zwiebelschmelze und serviere sie mit scharfem englischem Senf.

Miltons Methode ☞ Die Kartoffeln schälen und gleichmäßig halbieren. In einen schweren Topf geben, mit kaltem Wasser bedecken und mit den Händen schwenken, bis das Wasser trübe wird. Dann die Kartoffeln abgießen, entweder mit dem Topfdeckel oder mit einem Küchensieb, und wieder in den Topf geben. Den Vorgang wiederholen.

Jetzt kaltes Wasser in den Topf geben, bis die Kartoffeln geradeso bedeckt sind; etwas Salz dazu und zugedeckt bei hoher Temperatur erhitzen.

Während die Kartoffeln aufkochen, bei niedriger Temperatur eine Pfanne erhitzen und 25 g Butter darin schmelzen. Den Lauch hineingeben und etwa

50 g ungesüßter und ungesalzener Mais aus der Dose

—

Salz und Pfeffer

10 Minuten vorsichtig anbraten, dabei gelegentlich umrühren. Sobald der Lauch weich ist, die Pfanne vom Herd nehmen und beiseitestellen.

Die Würstchen unter den vorgewärmten Grill geben und ca. 10–15 Minuten grillen, dabei mehrmals wenden, so dass sie gleichmäßig braun werden.

Unterdessen in einer zweiten kleinen Pfanne weitere 25 g Butter schmelzen und die Zwiebeln rund 15 Minuten anbraten, bis sie leicht gebräunt und weich sind. Das Mehl dazugeben und so lange rühren, bis es in der Mischung aufgegangen ist. Dann die Gemüse- oder Hühnerbrühe langsam in kleinen Mengen beigeben, dabei ständig rühren, bis die gesamte Brühe in der Pfanne ist. Die Soße bei niedriger Temperatur etwas eindicken lassen. Mit Salz und Pfeffer abschmecken.

Sobald die Kartoffeln kochen, ca. 15 Minuten weiterkochen lassen, bis sie vollständig gar sind, ohne zu zerfallen. Vom Herd nehmen, das Wasser abgießen, die Kartoffeln zurück in den Topf geben und ein paar Minuten auf kleiner Flamme leicht austrocknen lassen. Während der Topf noch auf dem Herd steht, die restlichen 25 g Butter zusammen mit der Milch und etwas Salz und Pfeffer in den Topf geben und die Kartoffeln so lange zerstampfen, bis alle Klümpchen verschwunden sind. Lauch, Senf, Käse und Mais hinzufügen und gut mit einer Gabel vermengen. Den Kartoffelbrei zusammen mit den Würstchen servieren. Die Soße über die Würstchen gießen. Einen Klacks Senf auf den Teller. Fertig.

KLASSISCHES BACON-SANDWICH

6 Scheiben geräucherter Bio-Frühstücksspeck

—

4 dicke Scheiben frisches Weißbrot

—

Ketchup (am besten selbstgemacht) zum Servieren

SCHWIERIGKEITSGRAD: ★ ZEITAUFWAND: ★

Ich weiß, was Sie jetzt denken. Wie schwer kann es sein, ein Bacon-Sandwich zu machen? Und ja, zweifelsohne steht für den verkaterten Küchenchef die einfache Zubereitung im Vordergrund: Den Speck anbraten, zwischen zwei Scheiben Brot legen, nach Geschmack mit etwas Ketchup bestreichen, *et voilà*.

Doch die Tatsache, dass es so einfach geht, heißt für mich nichts anderes, als dass jeder sofort merkt, wenn Sie etwas falsch gemacht haben. Für ein fabelhaftes Bacon-Sandwich müssen Sie zwei grundsätzliche Dinge beachten: Speck von guter Qualität, perfekt gegrillt, und sehr frisches, flauschig-weiches Weißbrot. Alles andere ist reiner Luxus.

Ich möchte hier nicht zu viele Vorschriften aufstellen, da das ultimative Bacon-Sandwich-Erlebnis zu sehr von persönlichen Vorlieben abhängt – gegrillt oder gebraten, geräuchert oder ungeräuchert, Ketchup oder Brown Sauce, und so weiter. Doch auf keinen Fall sollten Sie Ihr Bacon-Sandwich mit Salat, Tomaten und Mayonnaise verderben. Denn dann ist es kein englisches Bacon-Sandwich mehr, sondern ein amerikanisches BLT-Sandwich, und das ist etwas ganz anderes.

Miltons Methode ☞ Den Speck grillen. Das hört sich wie die gesunde Variante an, doch Moment: Ich empfehle weiter, eine der Brotscheiben so unter den Speck zu legen, dass das Fett drauftläufelt und es leicht getoastet wird, womit sich das Ganze schon weit weniger gesund anhört.

Den Speck grillen, bis die Fettstreifen knusprig werden, jedoch nicht so lange, bis das Fleisch vertrocknet; er sollte immer noch rosig aussehen, nicht braun.

Sofort zwischen die Brotscheiben stecken, und zwar ohne Butter, und mit ein wenig Ketchup servieren.

Ich mag ***betrunken*** *sein,*
Madam, *aber* ***morgen***
bin ich ***wieder nüchtern***
und Sie sind immer noch

HÄSSLICH.

Winston Churchill

EIS-SMOOTHIE

Kompott aus 500 g Sommerbeeren

—

6 Kugeln hochwertiges Vanilleeis, dazu 2 Kugeln zum Garnieren

—

2 Zweiglein frische Minze

SCHWIERIGKEITSGRAD: ★★ ZEITAUFWAND: ★

Für diesen unwiderstehlichen Smoothie verwende ich das Rezept für Sommerbeerenkompott auf S. 66 und gutes Vanilleeis.

Miltons Methode ☞ Das Früchtekompott und 6 Kugeln Eis im Küchenmixer sehr kurz vermischen, den Mixer dabei nur 2–3-mal kurz anmachen.

Eine zusätzliche Eiskugel auf jeden Smoothie geben, mit Minzzweiglein garnieren und sofort in hohen Gläsern und mit langen Löffeln servieren.

CROISSANTS, NUTELLA UND HEISSE SCHOKOLADE

4 Croissants von guter Qualität
—
1 Glas Nutella-Nussnougatcreme

Für die heiße Schokolade:

1,2 l Vollmilch
—
200 g gute dunkle Schokolade (mind. 70 % Kakaoanteil), in Stückchen
—
1 EL Zucker (nach Wunsch)
—
Sprühsahne aus der Dose
—
Kakaopulver zum Bestäuben

SCHWIERIGKEITSGRAD: ★ ZEITAUFWAND: ★

Bei einem Kater vermeide ich peinlichst Koffein, weil ich glaube, dass es mich nur fahrig macht und noch weiter dehydriert. Eine wunderbare Alternative zu Tee oder Kaffee ist eine heiße Schokolade, die allerdings in England noch immer mit ihrem Image als Getränk für Kinder, alte Jungfern und Bibliothekarinnen (und wohl auch altjüngferliche Bibliothekarinnen) zu kämpfen hat. Doch in vielen Teilen Europas frönt man offensichtlich weit mehr den unleugbaren Freuden, die das Trinken von flüssiger Schokolade beschert.

Schokolade ist eine Glücksfee, die Endorphine im Gehirn freisetzt, und für die gute Laune gibt es nichts Besseres, als sie gleichzeitig zu essen und zu trinken – wie in diesem typischen französischen Frühstück. Viel zu tun gibt es bei diesem Rezept nicht, außer eine gute heiße Schokolade zu machen, die Croissants im Ofen aufzuwärmen, die Nutella draufzuschmieren und den Schoko-Halbmond in die Schokomilch zu tauchen: wohlig-wärmer kann Essen nicht sein.

Miltons Methode ☞ Den Backofen auf 190 °C (Gas: Stufe 5) für die Croissants vorheizen.

300 ml Milch in einem Stieltopf bei kleiner Flamme erhitzen und die Schokoladenstücke hineinstreuen. Beständig umrühren, bis die Schokolade geschmolzen ist, danach den Rest der Milch zugießen. Den Topf weitere 5 Minuten auf dem Herd lassen und regelmäßig umrühren, dabei jedoch nicht zum Kochen bringen. Wenn Sie Ihre Schokolade etwas süßer bevorzugen, geben Sie nun Zucker hinzu.

Währenddessen die Croissants 5 Minuten im heißen Ofen aufbacken und danach dick mit Nutella beschmieren.

Servieren Sie die heiße Schokolade in Schalen, die Sie mit beiden Händen an den Mund führen können. Mit einem Schuss Schlagsahne bedecken und Kakaopulver darauf streuen.

Tunken Sie Ihr Croissant in die Schokolade und schlürfen Sie sie nach Herzenslust. Ich garantiere Ihnen, dass Sie sich am Ende nicht nur von innen warm fühlen werden, Sie werden vor Wonne zerschmelzen.

GEKOCHTE EIER MIT KARTOFFELSTÄBCHEN

Kartoffelbrei (aus 500 g mehligkochenden Kartoffeln) von ziemlich fester Konsistenz

—

25 g Butter, zusätzlich etwas mehr zum Einfetten

—

Salz und Pfeffer

—

65 g Mehl, zusätzlich etwas mehr zum Kneten

—

4 Bio-Eier

SCHWIERIGKEITSGRAD: ★★★ ZEITAUFWAND: ★★★★

Eine großartige Möglichkeit, Kartoffelbrei-Reste zu verwerten. Diese leckeren Stäbchen aus buttrigen Kartoffelpfannkuchen in weichgekochte Eier zu tauchen ist beruhigender als Zen-Yoga: Wohlfühlessen vom Feinsten.

Miltons Methode ☞ Machen Sie den Kartoffelbrei entweder frisch oder, noch besser, benutzen Sie die Reste aus dem Kühlschrank. Wünschenswert ist vor allem eine feste Konsistenz. Den Backofen auf 240 °C oder auf Gasstufe 9 vorheizen.

Den Kartoffelbrei bei niedriger Temperatur in einem Topf erwärmen. Butter und, falls nötig, Salz und Pfeffer hinzugeben. Dann das Mehl so lange mit den Kartoffeln verrühren, bis die Mischung zusammenklebt und einem Teigball ähnelt.

Den „Teig" aus dem Topf nehmen und mit ein wenig Mehl kneten. Dann etwa 5 mm dick ausrollen und in etwa 7 x 2 cm große Stäbchen schneiden. Sie sollten etwa 20 Stäbchen aus dem Teig gewinnen: 10 pro Portion.

Ein gebuttertes Backblech mit den Kartoffelstäbchen bei mittlerer Temperatur auf ein Kochfeld legen. Sobald die Stäbchen anfangen zu brutzeln, das Blech für etwa 15 Minuten in den Ofen schieben und die Stäbchen nach der Hälfte der Zeit einmal wenden.

Währenddessen die Eier kochen – wichtig ist, dass sie nur weichgekocht werden (etwa 3–5 Minuten).

Die Kartoffelstäbchen sind fertig, sobald sie außen eine goldbraune Farbe annehmen und knusprig sind. Servieren Sie sie noch heiß – wenn Sie wollen, mit etwas Butter –, zusammen mit den geköpften Eiern.

Gesegnet sind all jene Katergebeugten, die eine original englische Fish-and-Chips-Bude in ihrer Nähe wissen. In Ihrer derangierten Verfassung ist diese Frittenbude mit ihrem Geruch nach kaltem Fett, heißem Teig und rohem Fisch vielleicht nicht gerade der ideale Aufenthaltsort, doch zählen gute Fischküchlein mit Pommes frites wohl zu den besten Katergerichten, die Sie bekommen können, wenn auch nicht zu den gesündesten. Wichtigster Ausrüstungsgegenstand könnte eine Wäscheklammer für Ihre Nase sein – falls Sie merken, dass Ihr empfindlicher Magen jederzeit über Gebühr auf sich aufmerksam machen könnte.

Nur wenige Fish-and-Chips-Läden liefern nach Hause, doch es könnte sich lohnen herauszufinden, ob Ihrer es tut. Was Sie jetzt noch für ein vollständiges Mahl brauchen, ist Tatarensoße und Ketchup sowie dicke Scheiben Brot – egal ob hell oder dunkel –, dick mit Butter beschmiert. Und um dem Ganzen noch eine altmodisch englische Note zu verleihen, trinken Sie dazu eine Kanne Tee.

3

DER KOMET

Sie schweben in einer nebligen Wolke aus Sternenstaub, Eis, Fels und Gasen dahin. In vielerlei Hinsicht geht es Ihnen gut. Dennoch nehmen Sie sich selbst nur undeutlich wahr und stehen, ohne dass es Sie besonders beunruhigen würde, etwas neben sich. Sie spüren, dass Sie irgendwie den direkten Draht zur Erde verloren haben. Liedzeilen wie David Bowies „Planet Earth is blue, and there's nothing I can do" schwirren Ihnen unentwegt im Kopf herum. Dann wieder könnte es jede Zeile aus jedem beliebigen anderen Lied sein oder gar nur ein einziger wirrer Gedanke, der sich in Ihrem Gehirn festgesetzt zu haben scheint (etwa „Wer hat eigentlich noch mal den Dienstag erfunden?"). In *Per Anhalter durch die Galaxis* beschrieb Douglas Adams einst die Wirkung des „Pangalaktischen Donnergurglers" (eines extrem starken Cocktails) wie folgt: Es sei, „als ob man mit einem Goldbarren, der in Zitronenscheiben gehüllt ist, das Gehirn aus dem Kopf gedroschen bekommt". Das hört sich schmerzhaft an. Zweifellos teilt Ihr Kater aber eher die surrealen Aspekte dieser Beschreibung, weniger den knallharten Schmerz. Ehrlich gesagt brauchen Sie jetzt etwas, das mit diesem ganzen kosmischen Unsinn aufräumt – versuchen Sie es mit den folgenden Rezepten voller Spritzigkeit, Schaumperlen und Biss.

STILTON UND BIRNEN AUF TOAST

4 Scheiben dunkles oder Vollkornbrot
—
1 kleines Stück Butter
—
1 reife Birne, geschält, entkernt und in dünne Scheiben geschnitten
—
200 g guter Stilton oder ein anderer Blauschimmelkäse
—
frisch gemahlener schwarzer Pfeffer

Zum Servieren:

Pflaumenmus
—
1 Handvoll Endivienblätter

SCHWIERIGKEIT: ★
ZEITAUFWAND: ★

Eine sehr schöne Variante des Käsetoasts: Der starke, cremige Stilton belebt garantiert Ihre müden Geschmacksnerven und die warme, süße Birne bildet einen köstlichen Kontrapunkt.

Miltons Methode ☞ Das Brot leicht toasten und mit Butter bestreichen.

Die Birnenscheiben möglichst großflächig auf die Toastscheiben legen. Den Stilton darüber bröckeln.

Etwa 5 Minuten in einen heißen Grill schieben, bis der Stilton geschmolzen ist, langsam braun wird und Blasen wirft. Mit ein wenig frischem schwarzem Pfeffer würzen.

Mit etwas Pflaumenmus und einigen Endivienblättern servieren.

PFANNKUCHEN MIT ZITRONE UND DEMERARA-ZUCKER

Ergibt etwa 8 dünne Pfannkuchen

Für den Teig:

125 g Mehl
—
1 Prise Salz
—
225 ml Vollmilch
—
80 ml Wasser
—
15 g Butter, geschmolzen und abgekühlt
—
Butter zum Braten

Zum Servieren:

50 g Demerara-Rohrzucker
—
Saft von 2 Zitronen
—
1 EL geraspelte Zitronenschalen (von unbehandelten Zitronen)

SCHWIERIGKEITSGRAD: ★★★ ZEITAUFWAND: ★★★

Einmal ging ich mit einem besonders schlimmen Kater in eines dieser Megakaufhäuser auf einer Industriebrache vor der Stadt. Sie kennen diese Geschäfte bestimmt – man verkauft dort Heimwerkerbedarf oder von Schweden entworfene und von Chinesen hergestellte Möbel, die man selbst zusammenbauen muss, oder auch Autoteile und Fahrräder. Egal, was Sie mit Ihrem Kater anstellen, gehen Sie nie an solche Orte; sie sind nervtötend und Gift für die Seele.
Um mich von dieser Expedition zu erholen, musste ich mir zu Hause erst mal einen Schnaps genehmigen (den ich schon vor einiger Zeit eingeschenkt und für genau diese Notfälle ins Gefrierfach gestellt hatte) und mir diese dünnen Pfannkuchen – eine Art Crèpes – mit Zucker und Zitronen machen, um meine erkaltete Seele zu wärmen.

Miltons Methode ☞ Mehl und Salz in eine Schüssel sieben. In einer zweiten Schüssel Milch und Wasser mischen. Im Mehl ein Loch formen und zwei Eier hineingeben. Die Eier mit einem Holzlöffel in das Mehl hineinrühren, dann nach und nach die Milch-Wasser-Mischung beigeben und ununterbrochen rühren, bis ein weicher Teig entsteht. Die geschmolzene Butter einrühren.

Eine beschichtete Pfanne mit 15 cm Durchmesser bei hoher Temperatur erhitzen. Die Butter in die heiße Pfanne geben. Sobald die Butter geschmolzen ist, genug Teig in die Pfanne tun, um die Oberfläche der Pfanne dünn zu bedecken, und etwa 1 Minute ausbacken, bis der Boden des Pfannkuchens fest und goldbraun ist. Sie wenden die Pfannkuchen entweder mit einer geschickten Kippbewegung aus dem Handgelenk oder mit einem Pfannenwender. Eine weitere Minute backen, dann auf einen vorgewärmten Teller legen und mit Alufolie bedecken. Den Vorgang mit dem restlichen Teig wiederholen.

Wenn Sie mögen, können Sie Ihre Pfannkuchen mit Messer und Gabel essen, doch ich streue lieber großzügig Zucker auf die Mitte meines Pfannkuchens, beträufle ihn mit etwas Zitronensaft und -schale und rolle ihn dann zu einer langen Wurst, die ich mit klebrigen Fingern verschlinge.

VIRGIN PIÑA COLADA

360 ml Ananassaft
—
120 ml Kokosnussmilch
—
1 EL frischer Limettensaft
—
zerstoßenes Eis

Zum Servieren (nach Wunsch):

frische Ananas, in Stücken
—
Cocktailkirschen
—
Spießchen
—
Cocktail-Schirmchen

SCHWIERIGKEITSGRAD: ★ ZEITAUFWAND: ★

Die einzig sichere Medizin gegen den Kater ist nach Ansicht einiger abgebrühter Trinker, gar nicht erst mit dem Trinken aufzuhören. Doch ist das eher selten möglich, geschweige denn wirklich wünschenswert: Die moderne Wissenschaft glaubt, dass sich der Kater damit nur selbst in den Schwanz beißt – dauerhaft führt eine derartige Katerkur garantiert ins Delirium tremens. Deshalb gibt es hier eine „Virgin" Piña Colada ohne Rum.

Am besten genießt man den Cocktail während man sich vorstellt, im tropischen Schatten einer Palme oder Kasuarina zu sitzen und auf einen weißen Sandstrand mit azurblauem Horizont zu blicken; und das ist immer noch die beste Medizin. Hinweis: Das Geheimnis ist, die Augen zu schließen, während Sie trinken, es sei denn natürlich, Sie sitzen wirklich in einem tropischen Paradies. In diesem Fall empfehle ich Ihnen, die Augen offen zu halten und schwimmen zu gehen.

Miltons Methode ☞ Alle Zutaten in einen Mixer geben. Etwa 10 Sekunden mixen und sofort in hohen Gläsern servieren. Falls Sie Spießchen, frische Ananasstücke, kandierte Kirschen und Cocktail-Schirmchen zur Hand haben, dürfen Sie natürlich nach Lust und Laune peinliche Dekorationen improvisieren.

LEMON LASSI

2 TL Zucker
—
Saft von einer und Schale einer ½ unbehandelten Zitrone
—
500 ml Vollmilchjoghurt
—
50 ml Wasser
—
etwas fein gestampftes Eis
—
2 dünne Scheiben Zitrone zum Servieren

SCHWIERIGKEITSGRAD: ★ ZEITAUFWAND: ★

Die Zitrone verleiht diesem cremigen Getränk reichlich Pepp. Es ist wahnsinnig einfach zuzubereiten, wenngleich man ziemlich viel Joghurt braucht. Ich bevorzuge Lassi mit einer dicken Konsistenz, deshalb gebe ich nur sehr wenig Wasser hinzu, und statt im Mixer mische ich die Zutaten lieber mit der Hand in einer Schüssel. Ich glaube, dass so der Joghurt cremig und seidig bleibt, während er im Mixer dünn und körnig wird.

Miltons Methode ☞ Zucker und Zitronensaft in einer kleinen Schale so lange mischen, bis der Zucker vom Saft vollständig absorbiert ist. In eine größere Schüssel geben, die restlichen Zutaten hineingeben und mit einem Spatel gründlich, aber nicht zu heftig verrühren.

Sofort in hohen Gläsern servieren und jedes Glas mit einer dünnen Zitronenscheibe garnieren.

LIME SODA

4 Limonen
—
2 Messerspitzen Salz
—
gekühltes Mineralwasser mit Kohlensäure
—
Eis (nach Wunsch)

SCHWIERIGKEITSGRAD: ★ ZEITAUFWAND: ★

Dies ist eine beliebte Erfrischung auf den Straßen Indiens, der ideale Muntermacher in der Nachmittagshitze. Die Beigabe von Salz mag etwas seltsam erscheinen, doch gerade so entsteht ein unschlagbares, weil rehydrierendes Katergetränk. Und suchen Sie erst gar nicht nach Ihren guten Whisky- oder Tom-Collins-Gläsern – holen Sie die nächstbesten Biergläser aus dem Schrank und tun Sie etwas gegen Ihren Durst.

Miltons Methode ☞
Den Saft der Limone in 2 Halblitergläser pressen, jeweils eine Messerspitze Salz zugeben und mit Sprudel füllen. Wenn Ihnen danach ist, geben Sie Eis dazu.

Gebt uns

WEIN

UND WEIBER,

Scherz und Mahl.

Und morgen Sodawasser und Moral.

Lord Byron

SOMMERBEERENKOMPOTT MIT GRIECHISCHEM JOGHURT UND KNUSPERMÜSLI

Für das Sommerbeerenkompott:

500 g gemischte Sommerfrüchte
50 g Zucker
2 EL Wasser
2 EL Zitronensaft

Für das Müsli:

20 g Butter
40 g weicher brauner Zucker
1 EL Honig
200 g Haferflocken
30 g Haselnüsse
80 g getrocknete Cranberrys

Zum Servieren:

griechischer Joghurt (10 % Fett)

SCHWIERIGKEITSGRAD: ★★ ZEITAUFWAND: ★★★★

Dieses Rezept besticht durch seine gesunde und dennoch dekadente Mischung – eine ideale Kombination. Und es vereint dabei ganz wunderbare Konsistenzen: knuspriges Müsli, cremiger Joghurt und weiche Früchte. Ich zeige Ihnen, wie Sie das Müsli selbst machen, Sie können aber auch eine Fertigmischung kaufen. Am einfachsten ist es, gefrorene Sommerbeeren zu kaufen, es gibt sie in den meisten Supermärkten. Eine typische Mischung enthält Erdbeeren, Himbeeren, schwarze und rote Johannisbeeren, Kirschen und Brombeeren. Mit Tiefkühlfrüchten kann man dieses Rezept das ganze Jahr über zubereiten.

Wichtig: Nehmen Sie den echten 10-prozentigen griechischen Joghurt statt seines verwässerten fettarmen Klons. Schmeckt viel besser.

Miltons Methode ☞ Das Sommerbeerenkompott: Die Beeren, Zucker, Wasser und Zitronensaft in einen Topf geben und vorsichtig bei geringer Flamme etwa 10 Minuten erwärmen, gelegentlich umrühren, bis sich der Zucker aufgelöst hat und die Flüssigkeit teilweise verdampft ist. Zum Kühlen beiseitestellen.

Das Knuspermüsli: Den Ofen auf 220 °C oder Gasstufe 7 vorheizen. Die Butter in einem Stieltopf auf kleiner Flamme schmelzen. Zucker und Honig dazugeben und so lange rühren, bis ein wunderbar duftender buttriger Sirup entsteht.

Die Haferflocken, Nüsse und Cranberrys zugeben und kräftig umrühren, bis alles von der Sirupmischung überzogen ist. Es wird zwar etwas trocken aussehen, das macht aber nichts.

Die Mischung gleichmäßig auf ein gefettetes Backblech verteilen und in den heißen Ofen schieben. Etwa 10 Minuten backen, aber Vorsicht, die Mischung brennt leicht an. Das Blech nach etwa 5 Minuten kurz aus dem Ofen holen, kurz rütteln und wieder hineinschieben.

Aus dem Ofen nehmen, sobald das Müsli eine goldene Farbe annimmt. Abkühlen lassen, bis es knusprig und bröckelig wird, dann in kleine Teile brechen und in luftdichte Behälter füllen.

Zum Servieren:
Das Sommerbeerenkompott in 2 Schälchen verteilen, einige Löffel griechischen Joghurt zugeben und mit Müsli bestreuen.

KNICKERBOCKER-EISBECHER MIT SÜSSEN FRÜCHTEN

½ Päckchen vegetarische Erdbeer-Götterspeise
—
4 vorgefertigte Baiser-Nester
—
1 Päckchen Brausebonbons mit Fruchtgeschmack
—
½ reife Mango, in 1 cm breite Würfel geschnitten
—
12 rote Trauben, halbiert
—
12 Erdbeeren, gesäubert und halbiert
—
1 Handvoll Blaubeeren
—
6 Kugeln Vanilleeis
—
Dose Sprühsahne
—
4 Waffelpralinen

SCHWIERIGKEITSGRAD: ★★ ZEITAUFWAND: ★★★

Den größten Spaß hat man schon bei der Zubereitung dieser absurden, vielschichtigen Kreation – und beim Staunen über das kuriose Endprodukt, das aussieht, als wäre es einem surrealen Kindergeburtstag entsprungen. Ein Dessert, das Baisers, Wackelpudding, Schlagsahne und Brause-Fruchtbonbons vereint, ist eigentlich überhaupt nichts für Erwachsene, dennoch lade ich Sie dazu ein, ein wenig in albernen Kindereien zu schwelgen: Ja, und wenn Sie schon dabei sind, warum das Ganze nicht noch mit ein paar Wunderkerzen krönen?

Vegetarische Götterspeise gibt es heutzutage überall zu kaufen, ich ziehe sie der mit Gelatine vor.

Miltons Methode ☞ Die Erdbeer-Götterspeise nach Packungsanleitung kochen; wir brauchen etwa 300 ml. Kühlen und fest werden lassen.

Sobald der Wackelpudding fest ist, die Baisers und die Hälfte der Brausebonbons mit dem Ende eines Nudelholzes in einer Schüssel vorsichtig in grobe, nicht zu feine Stücke zerstampfen.

Die Früchte vorbereiten und das Dessert anrichten, indem man den Wackelpudding zu gleichen Teilen auf den Boden von 2 hohen Gläsern verteilt (am besten, man verwendet richtige Eisbecher, aber Longdrinkgläser erfüllen den gleichen Zweck). Die Früchte, das Eis und den Baiser-Mix über den Wackelpudding schichten und den Vorgang so lange wiederholen, bis der obere Rand der Gläser erreicht ist.

Etwas Sahne drübersprühen, mit den restlichen Bonbons und den Waffeln garnieren und mit langen Löffeln servieren. Lassen Sie Ihrer Kreativität freien Lauf und schmücken Sie Ihren Becher mit Cocktail-Schirmchen, Wunderkerzen und weiterem verspieltem Schnickschnack.

Es gibt nur wenige Lieferdienste, die all dieses gaumenkitzelnde, prickelnde und bitzelnde Essen bringen, das Sie brauchen, um Ihre Katersymptome zu lindern. Sie werden sich also wohl oder übel Ihre Rollerskates anschnallen und losdüsen müssen (aber auf die Busse aufpassen!).

Es hängt zwar von Ihrem Wohnort ab, doch die meisten Restaurants werden Ihnen sicher einen unwiderstehlichen Eisbecher kredenzen. Vielleicht probieren Sie mal einen piekfeinen Eisdrink mit dem gewissen Extra – z.B. Prosecco mit Bellini-Eis. Stellen Sie sich darauf ein, dass das Experiment nicht ganz billig sein wird. Und geben Sie mir nicht die Schuld, falls Sie zu viel Geld ausgeben sollten (siehe Haftungsausschluss am Ende des Buchs).

Sollten Sie zu den Glücklichen gehören, die eine Eisdiele um die Ecke haben, dann ist das der ideale Ort, um sich allen möglichen Varianten von Eisgetränken und -bechern hinzugeben. Sie werden sich wie ein kleines Kind fühlen, aber, und das ist das Wichtigste, wie ein kleines Kind, das eine Menge Spaß hat.

4

DIE

ATOM

BOMBE

Wenn Sie jetzt in den Spiegel schauen, können Sie immer noch den Atompilz über Ihrem Kopf erkennen, ein Beweis für die Explosion, die in Ihrem Schädel stattgefunden haben muss. Die Folge: Sie fühlen sich arg ramponiert. Ihr Kopf schmerzt. Und es geht Ihnen, als hätte man Ihr gesamtes Inneres herausgekratzt und Ihre leere Hülle zurückgelassen. Die Detonation hat einen riesigen Krater hinterlassen. Deshalb sind Sie wahnsinnig hungrig. Ihnen ist nicht übel, aber Sie haben einen monströsen Appetit. Ihr Kater ist von sehr physischer Natur und enthält nur wenige jener Aspekte, die Kingsley Amis als „metaphysisch" bezeichnet hätte, abgesehen davon, dass Sie reizbarer sind als gewöhnlich. Vielleicht sind Sie auch erschöpft und zweifeln daran, dass das Leben Ihnen heute noch irgendetwas zu bieten hat. Doch von dem Selbsthass, der den Zerbrochenen Kompass begleitet, ist nichts zu spüren. Am besten bringen Sie erst einmal Ihren Flüssigkeitshaushalt auf Vordermann, und dann essen Sie. Und zwar viel. Hauen Sie rein und verschlingen Sie einige dieser herzhaften Rezepte, die so manche der Verwüstungen, die der Rausch in Ihnen angerichtet hat, in Ordnung bringen werden.

OMELETTE MIT CHORIZO

100 g Chorizo von guter Qualität, in feine Scheiben geschnitten
—
Olivenöl zum Anbraten
—
¼ rote Zwiebel, gewürfelt
—
1 frische reife Tomate, gewürfelt
—
4 Bio-Eier, geschlagen und ein wenig mit Salz und Pfeffer gewürzt
—
½ Handvoll frische Minze, fein gehackt
—
30 g Feta (nach Wunsch)

SCHWIERIGKEITSGRAD: ★★ ZEITAUFWAND: ★★

Wer Chorizo zum Frühstück essen will, sollte zunächst bedenken: Diese Wurst ist voller Knoblauch, sie ist salzig, scharf und schmeckt sehr intensiv. Wer also zu viel von ihr isst, könnte seine Genesung eher verzögern statt vorantreiben. Dieses Gericht empfiehlt deshalb Chorizo in Maßen, ohne dabei auf den gewissen Kick zu verzichten, der ein belebendes und befriedigendes Katerfrühstück auszeichnet.

Miltons Methode ☞ Etwas Olivenöl in einer Bratpfanne bei hoher Flamme erhitzen, dann die Chorizo-Scheiben braten. Nach etwa 3 Minuten, wenn die Unterseiten goldbraun sind und Blasen schlagen, umdrehen und weitere 3 Minuten braten. Die Zwiebeln hinzugeben und wenige Minuten weitergaren, dabei umrühren, damit nichts anbrennt. Die Tomaten dazugeben und 2 Minuten weiterbraten.

Die Temperatur auf mittlere Hitze reduzieren. Die Minze mit den Eiern verrühren und in die Pfanne geben, dabei schwenken, bis das Ei gleichmäßig verteilt ist. Chorizo, Zwiebeln und Tomaten verrühren, bis das Ei die ganze Pfanne bedeckt.

Rund 5 Minuten vorsichtig kochen, das Omelette leicht mit einem Pfannenheber anheben, so dass das flüssige Ei ablaufen und anbacken kann. Wenn es fast gestockt ist, die Fetakrümel drüberstreuen. Das Omelette zu einem Halbmond klappen, auf einen Teller geben, halbieren und mit dicken Butterbrotscheiben servieren.

FRÜHSTÜCKSBURGER

1 Zwiebel, grob gehackt
—
1 EL Tomatenketchup
—
2 TL Worcestershire-Soße
—
½ TL süßes Paprikapulver
—
350 g Bio-Wurstbrät
—
1 Eigelb
—
2 TL getrockneter Salbei
—
1 Handvoll fein gehackter Schnittlauch
—
frisch gemahlener schwarzer Pfeffer
—
Frühstücks-Muffins, halbiert

SCHWIERIGKEITSGRAD: ★★★ ZEITAUFWAND: ★★

Der Tradition des englischen Frühstücks folgend, empfehle ich für diese Burger ein Wurstbrät vom Schwein statt Hackfleisch, das für die erste Mahlzeit des Tages sicher zu schwer im Magen läge (tatsächlich gibt es einige, die behaupten, dies sei die Idee des Burgers an und für sich – ich widerspreche von ganzem Herzen). Aufgrund seiner Beschaffenheit lässt sich das Brät wunderbar zu Burgern formen, und man braucht weder Butter noch Öl, mit denen man sie anbrät – das Fleisch enthält bereits mehr als genug Fett. Ich kaufe bei meinem Metzger Brät von freilaufenden Tieren, es schmeckt deutlich besser als von armen Schweinen, die nie in ihrem Leben die Sonne gesehen haben.

Ich schlage pro Person zwei eher kleine Buletten vor, die zwischen zwei leicht getoastete Frühstücks-Muffins gequetscht werden. Sie können Ihre Burger aber gerne mit Spiegeleiern oder, für den wahren Fleischliebhaber, gegrilltem Bacon aufpeppen.

Miltons Methode ☞ Zwiebeln, Ketchup und Worcestershire-Soße in einem Küchenmixer verquirlen.

In einer großen Schüssel die Zwiebelmischung mit dem Brät, Eigelb, Salbei, Schnittlauch und schwarzem Pfeffer vermengen. Statt einen Mixer zu benutzen, lassen Sie Ihre Muskeln spielen und vermischen die Zutaten gründlich mit einem Kochlöffel.

Mit nassen Händen 4 gleich große Bällchen und hieraus wiederum 4 Frikadellen formen. Dann auf einem abgedeckten Teller 45 Minuten lang in den Kühlschrank stellen.

Eine beschichtete Pfanne auf mittlerer Flamme erhitzen und die Burger ohne zusätzliches Fett hineingeben. Auf einer Seite etwa 5 Minuten braten, dann die Hitze reduzieren, wenden und weitere 5 Minuten braten. Die Burger erneut wenden und pro Seite weitere 5 Minuten bei niedriger bis mittlerer Temperatur brutzeln lassen, bis sie gar sind.

Währenddessen die Muffins im Grill leicht antoasten.

Jeden Burger in einem getoasteten Muffin mit den Würzsoßen Ihrer Wahl, gewöhnlich Ketchup oder Senf, servieren.

KARDAMOM-PORRIDGE MIT SCHARFE APFELSOSSE

Für die scharfe Apfelsoße:

500 g Kochäpfel (Bramley oder Boskoop)
—
50 g Zucker
—
50 g Sultaninen
—
150 ml Wasser
—
3 Anissterne
—
3 Gewürznelken
—
2 kleine Zimtstangen
—
½ TL gemahlener Zimt
—
½ TL Piment
—
1 TL frisch geraspelter Ingwer
—
15 g Butter

SCHWIERIGKEITSGRAD: ★★ ZEITAUFWAND: ★★

Porridge habe ich nie besonders gemocht, ich fand es immer zu schwer und zu langweilig, und verkatert konnte ich seine Konsistenz schon gar nicht ausstehen. Doch als ich vor kurzem im Himalaja auf Trekkingtour war, begriff ich, wo die wahren Vorzüge des Porridge liegen: in seiner unglaublichen Menge langsam verbrennender Kalorien – ein Vorzug, der von tief verkaterten Kreaturen ebenso wenig unterschätzt werden sollte wie von Hochgebirgswanderern.

Nachdem ich nun wieder im trüben grauen England angekommen war, habe ich mich darangemacht, ein Porridge zu kreieren, das mir schmeckt, das aber gleichzeitig gesund und sättigend sein sollte. Hier ist das Ergebnis: Eine Komposition, cremig, fruchtig, scharf, süß und herb zugleich, die Ihnen über Stunden Energie verleiht.

Miltons Methode ☞ Die Apfelstücke, Zucker, Sultaninen, Wasser und Gewürze in einen Stieltopf geben, bedecken und etwa 20 Minuten vorsichtig kochen lassen.

Den Deckel abnehmen und die Äpfel, die nun breiig sein und wie von selbst auseinanderfallen sollten, mit einem Holzlöffel umrühren. Weiterrühren, bis eine ziemlich feine Apfelsoße entsteht. Allerdings sollte sie eine gewisse Körnigkeit

Für das Porridge:

150 g Haferflocken

—

400 ml Vollmilch oder Halbfettmilch

—

3 Kardamomkapseln, leicht gestoßen, aber nicht zerteilt

—

1 EL weichen braunen Zucker zum Servieren

behalten, damit sie nicht zu Püree wird. Die Soße auf sehr geringer Flamme warm halten und das Porridge zubereiten.

Die Haferflocken, Milch und Kardamomkapseln in einen zweiten Stieltopf geben und langsam zum Kochen bringen. Etwa 6 Minuten köcheln lassen, bis das Porridge eine cremige Konsistenz annimmt und alle Haferflocken weich geworden sind.

Butter in die Apfelsoße geben und so lange umrühren, bis sie geschmolzen ist.

Die Hälfte der Apfelsoße in das Porridge löffeln und gut umrühren. Vor dem Servieren mit einem Metalllöffel möglichst alle Gewürzsamen herauspicken.

Das Porridge in Schalen gießen und auf jede Schale einen Löffel Apfelsoße geben. Den weichen braunen Zucker darüberstreuen und servieren, sobald er sich aufgelöst hat. Achten Sie auf die restlichen Gewürznelken und Anissterne, die im Porridgc lauern!

BRATKARTOFFELN MIT AVOCADO UND SPECK

550 g alte Kartoffeln, geschält und grob gewürfelt

—

Olivenöl zum Braten

—

4 Scheiben Bio-Speck (geräuchert oder ungeräuchert)

—

1 Zwiebel, in große grobe Würfel geschnitten

—

½ TL süßer Paprika

—

1 Spritzer Worcestershire-Soße

—

Salz und Pfeffer

—

einige Tropfen Tabasco zum Abschmecken

—

1 reife Avocado, geschält, entkernt und in dünne Scheiben geschnitten

SCHWIERIGKEITSGRAD: ★★ ZEITAUFWAND: ★★

Zum ersten Mal aß ich dieses Frühstück – oder so etwas Ähnliches – vor ein paar Jahren in einem Café in einer Seitenstraße von Brighton. Es war Neujahrstag, ich kam von einer wilden Party und hatte kaum ein Auge zutan. Meine Erinnerungen an dieses Frühstück sind ziemlich trüb. Doch ich weiß noch genau, dass ich es sehr mochte und ganz aufgegessen habe. Nur an die Angst vor einem Herzinfarkt, die ich danach spürte, als ich den Berg zum Bahnhof hochstiefelte, erinnere ich mich noch genauer.

Das Rezept, das ich hier vorstelle, stimmt mit meiner Erinnerung, wenn auch vielleicht nicht mit der Wirklichkeit jenes Frühstücks, überein. Es ist sehr einfach, aber man kann es ohne weiteres variieren, z. B. mit roten Paprikaschoten, einem pochierten Ei oder indem man Käse über die heißen Kartoffeln reibt. Es macht Spaß, mit Essen zu experimentieren, und dieses Rezept (das ich mir oft zum Frühstück, Mittagessen, aber auch abends koche) eignet sich ganz besonders für solche Spielereien.

Für die Salatsoße:

4 EL Olivenöl, extra vergine

1 EL Balsamico-Essig

Miltons Methode ☞ Die Kartoffeln waschen und etwa 10 Minuten kochen lassen, bis sie leicht weich werden, aber noch fest sind. Das Wasser absieben und die Kartoffeln trocknen lassen.

Einen guten Schuss Olivenöl erhitzen und, sobald das Öl zu dampfen beginnt, die Kartoffeln in die Bratpfanne geben. Die Kartoffeln so lange braten, bis sie rundum golden und knusprig sind.

Währenddessen den Speck grillen und das kalt gepresste Olivenöl mit dem Balsamico-Essig vermengen, dabei entweder in einer Schale kräftig verrühren oder in einem leeren Marmeladenglas so lange schütteln, bis sich Öl und Essig gut vermischt haben.

Die Zwiebeln zu den Kartoffeln geben. Einige Minuten garen und gründlich rühren, dann Paprika und die Worcestershire-Soße hinzugeben und mit Salz und Pfeffer abschmecken.

Noch einige Minuten braten lassen, bis die Zwiebeln braun sind, dabei darauf achten, dass die Kartoffeln nicht anbrennen. Anschließend die Kartoffeln auf zwei Teller türmen, mit ein paar Tropfen Tabasco-Soße bespritzen, die Avocado-Scheiben auf die Kartoffelberge fächern, mit den Speckscheiben bedecken und auf jede Portion ein paar Teelöffel Vinaigrette träufeln. Sofort servieren.

TOASTIES MIT KÄSE, ROTEN ZWIEBELN UND CHUTNEY

4 quadratische, ziemlich dünne Brotscheiben

—

Butter zum Abschmecken

—

100 g extra reifer Cheddar-Käse, in dünne Scheiben geschnitten

—

½ rote Zwiebel, in dünne Scheiben geschnitten

—

2 gehäufte TL scharfes Mango-Chutney

SCHWIERIGKEITSGRAD: ★★ ZEITAUFWAND: ★★

Schon das Wort Toastie ruft Gefühle voller Wärme und Gemütlichkeit hervor, nach denen Katergeplagte so oft gieren. Deshalb muss ich mich also nicht weiter dafür entschuldigen, Ihnen hier die Freuden dieses Käse-Toasties mit roten Zwiebeln und Chutney näherzubringen.

Ich persönlich kenne diese Toasties, seit ich mich an einem Neujahrstag einst folgender Maxime Ernest Hemingways erinnerte: „Tue nüchtern immer das, was du betrunken angekündigt hast. Das wird dich lehren, den Mund zu halten." In meinem Fall musste ich mit einem monumentalen Kater in einen eiskalten walisischen Fluss springen, nachdem ich am Abend vorher noch damit geprahlt habe, überall auf dieser Erde schwimmen zu können. Nachdem ich nur knapp einem Herzinfarkt und einer Unterkühlung entging, schaffte ich es zurück in die behagliche Hütte, wo ich mich einquartiert hatte, und machte mir ein paar dieser heißen köstlichen Dreiecke.

Diese Toasties macht man am besten in einem Sandwichmaker. So gelingt ein dicht verschlossenes Päckchen, in dem sich eine Mischung aus köstlich klebrigem Käse, Zwiebeln und Chutney verbirgt. Außerdem sollte man Toastbrot in Scheiben verwenden, und ein scharfes Mango-Chutney ist allemal besser als die Durchschnittsversion. Zur Not können Sie Ihr Sandwich auch braten oder grillen.

Miltons Methode ☞ Falls Sie einen Sandwichmaker besitzen, lassen Sie ihn schon einmal vorglühen. Alle Brotscheiben auf einer Seite mit Butter bestreichen. Die Käse- und Zwiebelscheiben auf die ungebutterten Seiten von zwei Broten schichten, dann das Chutney darauf so gleichmäßig wie möglich verteilen.

Jedes Sandwich mit einer zweiten Brotscheibe bedecken, die butterige Seite jeweils oben.

Etwas Butter in die untere Hälfte des Sandwichmakers geben, warten, bis sie schmilzt, dann ein Sandwich hineinpressen und zuklappen. Keine Gnade: Das Brot muss richtig hineingedrückt werden.

Lassen Sie den Sandwichmaker etwa 5 Minuten vor sich hin brutzeln, dann das getoastete Sandwich mithilfe eines Holz- oder Plastikspatels auf einen Teller legen. Das zweite Sandwich in die Maschine pressen.

Die Sandwichs zu Dreiecken schneiden und sofort servieren, entweder solo oder mit einem kleinen knackigen grünen Salat und etwas Mayonnaise (in die sie Ihr Sandwich eintunken können). Vorsicht: Die Füllung wird sehr heiß.

SCHMORPFANNE MIT SCHARFEN WÜRSTCHEN UND BOHNEN

Olivenöl zum Braten
—
1 Zwiebel, gewürfelt
—
6 Merguez-Würstchen, jeweils in 5 cm lange Stückchen geschnitten
—
2 Knoblauchzehen
—
½ TL Cayennepfeffer
—
½ Gemüse-Brühwürfel
—
175 ml Rotwein
—
1 Dose gehackte Tomaten à 400 g
—
1 EL Tomatenmark
—
50 ml Wasser
—
1 Prise Zucker
—
Salz

Schwierigkeitsgrad: ★★★ Zeitaufwand: ★★★

Dies ist die moderne Version eines weiteren Klassikers der britischen Frühstückskultur: Würstchen mit Bohnen. Doch ich verwende hier statt Würstchen vom Schwein Merguez – eine scharfe Wurst aus Nordafrika, die meist aus Lammfleisch hergestellt wird – und ersetze die üblichen Baked Beans durch Borlotti-Bohnen. Außerdem koche ich alles in einer einzigen Pfanne, das macht die Sache übersichtlich und einfach, und es gibt weniger zu spülen. Ich finde, dass dieses Gericht aufgewärmt noch besser schmeckt, da die Soße über Nacht noch aromatischer und dicker wird. Sollten Sie also eine Sauftour planen, die mit einer Atombombe enden könnte, dann kochen Sie es ruhig schon im Voraus. Oder Sie machen am Morgen danach einfach die doppelte Menge und essen zwei Tage in Folge davon.

Das erste Mal habe ich dieses Gericht in der Bretagne gekocht, mit Spiegelei, einem riesigen Stück stinkendem reifem Camembert und frischem Baguette direkt aus der Boulangerie. Den Rotwein hatte ich entkorkt vor dem noch immer rauchenden Kaminfeuer entdeckt, er war von dem nächtlichen Gelage übrig geblieben. Diese Art von Maßlosigkeit zeichnet ein richtig gutes Katerfrühstück aus. Die Wahl der Extras überlasse ich Ihnen, doch das Baguette, um die köstliche Soße aufzusaugen, ist ein absolutes Muss.

frisch gemahlener schwarzer Pfeffer

—

1 TL oder 1 großzügiger Spritzer Worcestershire-Soße

—

1 Dose Borlotti-Bohnen à 200 g, abgetropft

—

1 Handvoll grob gehackte glatte Petersilie

—

2 frische Baguettes zum Servieren

Miltons Methode ☞ Ein wenig Olivenöl bei mittlerer Flamme in einem schweren Schmortopf mit Deckel erhitzen, die Zwiebeln hineingeben und sicherstellen, dass sie vollständig mit Öl überzogen werden. Den Schmortopf halb zudecken und die Zwiebeln ein paar Minuten kochen lassen, dabei ein- oder zweimal rühren, bis sie weich werden und sich golden färben.

Würstchen und Knoblauch zugeben und etwa 5 Minuten kochen lassen, dabei gelegentlich umrühren, bis die Würstchen braun werden.

Cayennepfeffer beigeben und einen halben Brühwürfel in den Topf krümeln. Umrühren, dann den Wein zugießen.

Zum Kochen bringen und die Soße etwa 4 Minuten reduzieren (dabei wird auch der Alkohol verdampfen).

Tomaten, Tomatenmark und Wasser hineinrühren, mit frisch gemahlenem Pfeffer, einem Spritzer Worcestershire-Soße und einer Prise Zucker abschmecken.

Zum Kochen bringen, etwa 2 Minuten köcheln lassen, ab und zu umrühren. Die Temperatur herabsetzen, die Bohnen hinzugeben, zudecken und etwa 20 Minuten vorsichtig kochen, dabei gelegentlich umrühren, damit die Soße nicht anbrennt.

Mit den Gewürzen abschmecken, eine weitere Minute kochen. Die gehackte Petersilie einrühren, den Topf vom Herd nehmen und 5 Minuten mit geschlossenem Deckel stehen lassen. Heiß und mit einem Baguette bei jedem Teller servieren.

TAGLIATELLE ALLA CARBONARA

200 g getrocknete Tagliatelle
—
Olivenöl zum Braten
—
100 g durchwachsenen Bio-Speck oder Pancetta, in 2,5 cm lange Streifen geschnitten
—
½ Zwiebel, in dünne Scheiben geschnitten
—
2 Knoblauchzehen, gehackt
—
2 Bio-Eier, verquirlt
—
50 g frisch geriebener Parmesan
—
Salz und Pfeffer
—
1 großzügige Handvoll glatte Petersilie, grob gehackt

SCHWIERIGKEITSGRAD: ★★ ZEITAUFWAND: ★★

Ein italienischer Freund saß eines Morgens in einem Berliner Café, als er auf der Speisekarte etwas entdeckte, das sein Interesse weckte – ein italienisches Frühstück. „Was ist denn das italienische Frühstück?“, fragte er den Kellner. „Ein Espresso und eine Zigarette“, bekam er zur Antwort.

Dieses „Rezept“ hätte ich liebend gerne hier aufgenommen, doch damit hätte ich es mir doch etwas zu leicht gemacht. Stattdessen stelle ich einen anderen italienischen Klassiker vor, der auf der Frühstücks- oder Brunchkarte zunächst vielleicht etwas ungewöhnlich wirkt. Wenn man aber bedenkt, dass es sich im Grunde genommen um Rühreier mit Speck und Nudeln handelt, ergibt es schon wieder Sinn. Die Nudeln liefern jede Menge Kohlenhydrate und eignen sich ideal für einen Atombomben-Kater, bei dem man sich nur noch den Wanst vollschlagen möchte. Und da die Kohlenhydrate der Pasta nur langsam abgebaut werden, werden Sie sicher den halben Tag durchhalten. Ich mag auch etwas Brot dazu, das man in die Soße tunken kann.

Dieses Rezept enthält keine Sahne, da dies, wie mir mein italienischer Freund erzählte, eine völlig unitalienische Verfälschung der Carbonara darstellt: Das Cremige erhält sie vielmehr durch die Kombination aus Ei und Käse.

Miltons Methode ☞ Die Tagliatelle in einem Topf mit kochendem Salzwasser nach Anleitung kochen – jedoch nicht zu lange, sie sollen al dente sein.

Während die Nudeln kochen, etwas Olivenöl in einer schweren Metallpfanne (oder einem großen Stieltopf) erhitzen und den Speck bei großer Hitze so lange braten, bis er golden und knusprig wird.

Sofort die Zwiebeln beigeben und weitere 3–4 Minuten garen, dabei gelegentlich rühren, damit weder der Speck noch die Zwiebeln anbrennen.

Den Knoblauch einrühren und weitere 2 Minuten braten.

Die Tagliatelle in ein Nudelsieb unvollständig abgießen; d. h. das Sieb nicht zusätzlich schütteln, so dass die Nudeln noch etwas feucht bleiben.

Die Temperatur auf mittlere Hitze reduzieren und die Pasta in die Speckpfanne kippen. Gründlich verrühren, bis Speck, Zwiebel und Knoblauch gut mit den Nudeln vermischt sind.

Die verquirlten Eier, Käse sowie Pfeffer und Salz zum Abschmecken beigeben und gut vermischen. Ein paar Minuten köcheln lassen, bis die Eier langsam fest werden, dann die Petersilie darüberstreuen. Ein letztes Mal umrühren und sofort mit krossem Brot servieren.

ENGLISCHE FRÜHSTÜCKS-TORTILLA

3 mittelgroße Kartoffeln, geschält und in dünne Scheiben geschnitten

—

Olivenöl zum Braten

—

100 g durchwachsener Speck oder Pancetta

—

4 Chipolata Bio-Schweinswürstchen, jeweils in 3 Teile geschnitten

—

1 Handvoll Champignons, in Scheiben geschnitten

—

½ Zwiebel, fein gewürfelt

—

½ rote Paprikaschote, entkernt und in 5 cm breite Streifen geschnitten

—

1 Prise süße Paprika

Schwierigkeitsgrad: ★★★ Zeitaufwand: ★★

Hier ist der Name Programm: Die wichtigsten Zutaten eines traditionellen englischen Frühstücks (Würstchen, Speck, Eier und Pilze) in nur einer Pfanne, und das Ergebnis erinnert an die spanische Tortilla. Es handelt sich um ein episches Frühstück (wenn Sie es am späten Vormittag essen, werden Sie erst abends wieder Hunger verspüren) und, weil es in einer einzigen Pfanne gemacht wird, fällt nicht so viel Geschirr an wie beim üblichen „Full English".

Miltons Methode ☞ Die Kartoffelscheiben waschen und etwa 4 Minuten in Salzwasser aufkochen, bis sie etwas weich, aber immer noch schnittfest sind. Abgießen und zur Seite stellen.

In einer mittelgroßen, beschichteten, ofenfesten Pfanne (ohne Plastikgriffe!) etwas Olivenöl erhitzen und den Speck sowie die Würstchen bei mittlerer Hitze etwa 6 Minuten unter gelegentlichem Rühren anbraten, bis die Zutaten knusprig werden und eine goldbraune Farbe annehmen.

Pilze und Kartoffeln hinzufügen, dabei vorsichtig umrühren, damit die Kartoffelscheiben nicht zerbrechen. Etwa 4 Minuten weiterbraten, bis die Kartoffeln braun werden.

Die Zwiebel hinzufügen, ein paar Minuten schmoren lassen, dann die Paprikaschote, das Paprikapulver und die Thymianblätter beigeben. Mit Salz und Pfeffer abschmecken. Weitere 2 Minuten kochen, dabei rühren, damit es nicht anbrennt.

1 EL frisch gehackter Thymian (nach Wunsch)
—
6 mittelgroße Bio-Eier, leicht verquirlt und gewürzt
—
Salz und Peffer

Darauf achten, dass alle Zutaten gleichmäßig verteilt sind, dann die Hitze auf mittel bis niedrig reduzieren und die Eier hinzugeben, dabei die Pfanne schwenken und die Zutaten sanft mit einem Kochlöffel verteilen, bis die Eiermischung alle Ecken der Pfanne erreicht. Etwa 6 Minuten bei niedriger Temperatur kochen lassen, bis das Ei am Pfannenboden fest geworden ist (dann sollte es möglich sein, die Tortilla an den Seiten abzuheben und um die eigene Achse zu drehen).

Die Pfanne in einen vorgeheizten Backofen schieben und etwa 5 Minuten grillen, bis die Mischung auch oben fest geworden ist.

In 2 Hälften schneiden und mit gebuttertem Toast und Gewürzen Ihrer Wahl servieren; ich persönlich mag eingelegte Chilis dazu.

Wenn Sie sich nicht dazu durchringen können, selbst jene herzhafte Mahlzeit zu kochen, die Sie doch jetzt so dringend brauchen, dann empfehle ich, dass Sie eine Kneipe aufsuchen – vielleicht gefährliches Territorium –, die Aufläufe anbietet.

Ein guter herzhafter Auflauf enthält alle Voraussetzungen, um Ihren Hunger für ein paar Stunden zu stillen. Er könnte Ihnen gar vorgaukeln, dass ein, zwei Bierchen völlig in Ordnung sind (lesen Sie bitte den Haftungsausschuss, der den Autor von jeglicher Verantwortung für Ihren psychischen und physischen Gesundheitszustand befreit). Einige Autoren würden Ihnen bei diesem Katertyp vielleicht eine gemischte Grillplatte empfehlen; doch meine Erfahrung lehrt mich, dass übermäßiger Fleischgenuss (vor allem Fleisch von zweifelhafter Qualität) aus vielerlei Gründen ein schwerer Fehler sein könnte.

5

DER ZEMENTMISCHER DER ZEMENTMISCHER DER ZEMENTMISCHER

Fühlen Sie sich, als hätte ein verkaterter Chirurg einen Zementmischer in Ihrem Magen vergessen? Ihr Magen fühlt sich nämlich an, als hätte man ihn nach außen gestülpt und wieder und wieder umgedreht. Und da unten steht ein Kerl neben dem Zementmischer, mit dicken Unterarmen, Sonnenbrand im Nacken, neongreller Warnweste und Kippe im Mundwinkel, der schaufelweise Sand in Sie hineinkippt. Selbstredend geht es Ihnen nicht gut. Niemandem ginge es unter diesen Umständen gut. Doch das Schlimme daran ist, dass es immer schlimmer zu werden scheint. Der Zementmischer arbeitet sich langsam gen Kopf hoch, und der Kerl mit der Warnjacke, der schon mehrere Kippen ausgetreten hat und sich gerade eine neue ansteckt, schiebt kräftig an. Sie müssen den kleinen Bauarbeiter stoppen und den Zementmischer abstellen. Sofort. Aber wie? Nun, für den Anfang schlage ich vor, dass Sie etwas essen, das Ihren Magen beruhigt und die Welt zum Stehen bringt. Probieren Sie es doch mit einigen dieser mild-wohligen Leckereien.

TÜRKISCHES FRÜHSTÜCK

4 Bio-Eier
—
Salz und Pfeffer
—
kaltgepresstes Olivenöl zum Drüberträufeln
—
150 g Feta
—
1–2 TL getrockneter Oregano, nach Belieben
—
klarer Honig
—
Butter, nicht zu hart (als Brotaufstrich)
—
1 Handvoll gute schwarze Oliven
—
2 süße Mittelmeer-Tomaten, in Scheiben geschnitten
—
türkisches Brot
—
schwarzer Tee

SCHWIERIGKEITSGRAD: ★ ZEITAUFWAND: ★★

Abgesehen von den Eiern gibt es bei diesem türkischen Frühstück nicht viel zu kochen. Es handelt sich vielmehr um eine Anordnung ausgewählter Zutaten, in erster Linie Eier, Käse, Oliven, Tomaten, Brot und Honig. Das alles kann man überall kaufen, außer vielleicht ein wirklich authentisches türkisches Brot. Falls Sie keinen türkischen Bäcker in Ihrer Nachbarschaft haben, können Sie zur Not auch frisches Weißbrot mit Sesam nehmen.

Miltons Methode ☞ Die Eier nach Geschmack kochen. Üblich sind beim türkischen Frühstück allerdings hartgekochte Eier.

Die harten Eier schälen und vierteln, auf 2 Teller geben, salzen, pfeffern und etwas kaltgepresstes Olivenöl darübergeben.

Den Feta in Scheiben schneiden, auf den Tellern anrichten, mit Oregano und ebenfalls mit etwas Olivenöl beträufeln.

Butter und Honig in je zwei Schälchen löffeln und auf die Teller stellen.

Oliven und Tomaten anrichten und mit dem Brot und schwachem, leicht gesüßtem schwarzem Tee servieren.

FRENCH TOAST MIT BANANENKOMPOTT

Für das Bananen-kompott:

100 ml Orangensaft

Saft einer Zitrone

2 EL flüssiger Honig

2 EL weicher brauner Zucker

Samen von 2 Kardamom-Kapseln

25 g Butter

2 große Bananen, in Scheiben geschnitten

12 ml brauner Rum

SCHWIERIGKEITSGRAD: ★★ ZEITAUFWAND: ★★

Als ich in Vietnam war, war mein frankokanadischer Gastgeber beleidigt, weil ich seine French Toasts als „Arme Ritter" bezeichnete. Er meinte, damit würde ich ihrer „goldenen Anmut" nicht gerecht. Nennen wir sie also French Toast!

French Toast gibt es in einer Vielzahl von Varianten, doch ich stelle hier das ungezuckerte Grundrezept vor, dazu ein Bananenkompott, das ich mit etwas Rum und Kardamom aufgepeppt habe.

Miltons Methode ☞ Für das Bananenkompott: Orangen- und Zitronensaft in einem säurebeständigen Topf vermischen und bei geringer Temperatur 10 Minuten vorsichtig köcheln lassen, bis sich die Mischung leicht reduziert hat.

Honig, braunen Zucker und Kardamom-Kapseln beigeben. So lange umrühren, bis sich der Zucker aufgelöst hat.

Vom Herd nehmen und die Butter hineinrühren. Beiseitestellen und kurz abkühlen lassen, dann die Bananenscheiben und den Rum hinzugeben. Während Sie die Toasts zubereiten, das Kompott bei sehr geringer Wärmezufuhr warm halten, *aber nicht kochen lassen.*

Für den French Toast:

3 mittelgroße Bio-Eier, leicht verquirlt und mit Salz gewürzt
—
50 ml Milch
—
1 Prise gemahlener Zimt
—
4 Scheiben nicht mehr ganz frisches Weißbrot (mindestens 1 Tag alt)
—
1 Stückchen Butter zum Braten

Für den French Toast: Die verquirlten Eier in eine flache Schale geben und Milch sowie Zimt einrühren.

Alle Brotscheiben beidseitig in die Eiermischung legen, jedoch nicht zu lange einweichen lassen, damit das Brot nicht zerfällt. Vorsichtig alle Scheiben beiseitelegen, aber nicht aufeinander stapeln.

Etwas Butter bei mittlerer Temperatur in einer Bratpfanne erhitzen. Sobald die Butter geschmolzen ist, die Toasts in die Pfanne geben (es kann sein, dass nur 2 Scheiben gleichzeitig in die Pfanne passen, dann für die zweite Runde noch mal etwas Butter zugeben). Sobald die Böden ihre charakteristische „goldene Anmut" angenommen haben, die Brote wenden und die zweite Seite backen.

Das Bananenkompott in kleinen Schüsseln zum heißen Toast servieren. Entweder als Dip verwenden oder über die Toasts löffeln.

MILTON CRAWFORDS FISCHSTÄBCHEN-SANDWICH
(mit Knoblauch-Erbsen-Mayonnaise)

8 tiefgekühlte Fischstäbchen (oder selbstgemachte, s. u.)
—
4 große Scheiben Weißbrot

Für die selbstgemachten Fischstäbchen:

250 g weiße Fischfilets, gehäutet
—
30 g Mehl, mit Salz und Pfeffer gewürzt
—
2 Bio-Eier
—
65 g feines frisches Paniermehl
—
Pflanzenöl zum Braten

SCHWIERIGKEITSGRAD: ★★ / ★★★★* ZEIT: ★★

Weißer Fisch beruhigt jeden noch so verdorbenen Magen, und das Fischstäbchen-Sandwich ist ein Wohlfühlgericht *par excellence*. Zugegeben, ein in Panade gebackener Fisch hat vielleicht nicht mehr ganz die beruhigenden Qualitäten eines gekochten oder gedünsteten, doch aus eigener Erfahrung weiß ich, wie gut Fischstäbchen einem verkaterten Magen dennoch tun. Sie können entweder tiefgekühlte oder selbstgemachte Fischstäbchen verwenden. Ich kaufe solche aus nachhaltigem Fischfang, die man heute fast überall bekommt. Ich zeige Ihnen aber auch, wie man Fischstäbchen oder „Goujons“, wie sie manchmal genannt werden, selbst herstellt.

Ich hätte gerne Erbspüree dazu gemacht. Weil es aber als Brotaufstrich zu flüssig ist, habe ich eine Knoblauch-Erbsen-Mayonnaise kreiert, der ein Schuss Apfelessig die nötige Schärfe verleiht.

Miltons Methode ☞ Die Fischstäbchen: Tiefgefrorene Fischstäbchen nach Anleitung zubereiten. Falls Sie sie selbst machen: Das Fischfilet in 8 Streifen von der Größe eines Fingers schneiden. Mehl, Eier und Paniermehl in 3 verschiedene flache Schüsseln geben. Jedes Stück Fisch erst mit dem gesalzenen Mehl bedecken, dann in die verquirlten Eier tauchen und schließlich im Paniermehl wälzen. Der Fisch sollte gleichmäßig vom Paniermehl überzogen sein.

* 2 Sterne für tiefgekühlte Fischstäbchen / 4 für selbstgemachte

Für die Knoblauch-Erbsen-Mayonnaise:

20 g Butter

—

1 Knoblauchzehe, gehackt

—

75 g gefrorene Erbsen

—

100 ml kochendes Wasser

—

3 TL Mayonnaise aus dem Glas

—

2 TL Apfelessig

Zum Servieren:

Spritzer Zitronensaft

—

Ketchup

—

Tabasco

Etwas Pflanzenöl in einer Friteuse oder einem Wok erhitzen. Sobald es heiß ist, 3–4 Fischstäbchen gleichzeitig hineingeben und etwa 1 Minute frittieren, bis sie goldbraun und knusprig aussehen. Mit einem Sieblöffel herausfischen und mit Küchenpapier das überschüssige Fett aufsaugen.

Die Knoblauch-Erbsen-Mayonnaise: Die Hälfte der Butter in einem kleinen schweren Topf bei mittlerer Temperatur schmelzen. Knoblauch unter Rühren beigeben, aufpassen, dass der Knoblauch sich nicht verfärbt.

Die Erbsen hinzugeben und ein paar Minuten rühren, dann mit 100 ml kochendem Wasser übergießen. Bei geschlossenem Topf zum Kochen bringen und einige Minuten garen lassen, bis die Erbsen weich sind. Die Erbsen abtropfen und mit der restlichen Butter, der Mayonnaise und dem Essig in einen Mixer geben. Abschmecken und zu einem geschmeidigen Püree verrühren.

Zum Servieren: Die Mayonnaise auf 2 Scheiben Brot schmieren und die Fischstäbchen darauflegen. Mit etwas Zitronensaft, Ketchup und Tabasco beträufeln, dann mit der zweiten Brotscheibe bedecken. Halbieren und sofort servieren.

SÜSSES LASSI

1 Handvoll Eiswürfel
—
350 ml Naturjoghurt
—
100 ml kaltes Wasser
—
1 Prise gemahlenes Salz
—
4 TL extrafeiner Zucker
—
3 Kardamom-Kapseln

SCHWIERIGKEITSGRAD: ★ ZEITAUFWAND: ★

Dieses süße Lassi aus Nordindien enthält Kardamom, ein Gewürz, mit dem man in Indien oft Blähungen behandelt – ein besonderes Ärgernis nach einem Abend mit viel Bier und Apfelwein. Es erfrischt auch ganz hervorragend den Atem, was an einem verkaterten Morgen ebenfalls hilfreich ist.

Das Geheimnis eines guten Lassi besteht darin, die Zutaten nicht einfach dem Mixgerät zu überlassen, sondern sie in einer Schüssel mit der Hand zu verrühren, so dass das Lassi eine dicke, cremige Joghurtkonsistenz behält.

Dies ist ein traditionelles Rezept, zu dem auch eine Prise Salz gehört.

Miltons Methode ☞ Das Eis zerstoßen, entweder im Mixgerät oder indem man es in einem sauberen Handtuch mit einem Nudelholz oder Stößel zerstampft.

Joghurt, Wasser, Salz, Zucker und das zerstoßene Eis vorsichtig in einer großen Schüssel mit einem Holzlöffel verrühren, bis Zucker und Salz sich völlig aufgelöst haben.

Die Kardamom-Kapseln in einem Mörser zerreiben und das körnige, aromatische Pulver in die Joghurtmischung geben. Etwas für die Garnitur aufsparen.

In Gläsern servieren und mit dem Rest des Kardamoms garnieren.

Tue nüchtern immer das,
was du betrunken angekündigt hast.
Das wird dich lehren,

den Mund
ZU HALTEN.

Ernest Hemingway

DER PERFEKTE TEE MIT TOAST

1 Paket Brotmischung
—
½ Packung weiche Butter (eine Stunde im Voraus aus dem Kühlschrank nehmen)
—
traditionelle Thick-Cut-Orangenmarmelade von guter Qualität
—
englischer Frühstückstee (Earl Grey, Assam etc. sind auch in Ordnung)

SCHWIERIGKEITSGRAD: ★ ZEITAUFWAND: ★★★★

Wenn es scheint, als würde die Welt, oder zumindest der Ihnen bekannte Teil davon, im Chaos versinken, dann ist Wohlbekanntes und Alltägliches vonnöten, um ein klein wenig Stabilität wiederherzustellen. Wenn in Großbritannien etwas Schlimmes passiert oder jemand von seinem Fahrrad gefallen ist, gibt es erst einmal eine Tasse Tee. Und einen Kater kontert man mit Tee und Toast – das Standardfrühstück des gestressten Briten.

Ich gebe es ja zu: Das hier gleicht eher einer Idee als einem Rezept, und die Grundprinzipien dieser Idee lauten Detailgenauigkeit und Präzision bei der Ausführung. Denn damit sich das so nötige Wohlgefühl einstellt, braucht es ein Mindestmaß an Sorgfalt. Nur so gelingt das ultimative Tee-und-Toast-Erlebnis.

Der wohligste, der heimeligste Duft auf dieser Welt ist für mich der Duft von frischgebackenem Brot, und es gibt verschiedene Möglichkeiten, ihn zu erzeugen. Die erste und offensichtlichste: Sie backen sich Ihr eigenes Brot. Das hört sich zunächst nach einer zeitaufwendigen und arbeitsreichen Prozedur an, vor allem mit Kater. Doch Sie können sich eine fertige Brotmischung kaufen (gibt es in fast allen Supermärkten) und binnen 1 ½ Stunden in ein köstliches Brot verwandeln. Die andere (altbackene) Lösung wäre es, frisches Brot zu kaufen oder altes Brot im Ofen aufzuwärmen (duftet aber nicht halb so gut).

Tee kochen heißt nicht, mal schnell einen Teebeutel in eine Tasse zu werfen! Holen Sie Ihr Geschirr aus dem Schrank, machen Sie eine Kanne Tee, füllen Sie die Milch in einen Krug, den Zucker in eine Dose. Hören Sie mir gut zu: Wir versuchen wenigstens, uns wie zivilisierte Menschen zu benehmen; und gerade weil Sie sich heute besonders schmuddelig und primitiv fühlen, sollten Sie besonders viel Wert auf das Zivilisationsgedöns legen.

Also ziehen Sie sich was Schickes und Sauberes an. Besorgen Sie sich gute Orangenmarmelade und ein makelloses Stück Butter. Legen Sie die Butter in eine Butterdose. Benutzen Sie Ihr bestes Besteck und Ihre edelsten Teller. Toasten Sie Ihr hausgemachtes Brot, setzen Sie sich an einen Tisch mit sauberer Tischdecke, eleganten Platzdeckchen, steifen Leinenservietten und einer Vase voll frischer Schnittblumen. Genießen Sie das Aroma des frischgebackenen Brots, trinken Sie eine Tasse Tee, beschmieren Sie Ihren Toast dick mit Butter, dann bestreichen Sie ihn noch dicker mit Marmelade und freuen sich.

Miltons Methode ☞ Backen Sie Brot. Machen Sie Tee. Toasten Sie das Brot. Servieren Sie den Toast mit Butter, Marmelade und Tee in jeweils angemessenen Behältern. Essen Sie, plaudern Sie, lesen Sie Zeitung und entspannen Sie sich.

SCHWEIZER RÖSTI MIT VERLORENEN EIERN

600 g mehligkochende Kartoffeln (etwa 4 mittlere bis große)

—

2 Knoblauchzehen, fein gehackt

—

Salz und schwarzer Pfeffer

—

20 g Butter

—

1 Spritzer Olivenöl

—

4 Bio-Eier

—

1 TL Weißweinessig zum Pochieren der Eier

SCHWIERIGKEITSGRAD: ★★ ZEITAUFWAND: ★★★★★

Kartoffeln sind zweifellos mein liebstes Gemüse. Sie können Ihre Kürbisse und Artischocken, Ihre Fenchelknollen und Zuckererbsen gern behalten, solange Sie mir meine Kartoffel lassen. Denn wie schon A. A. Milne meinte: „Wenn ein Kerl Kartoffeln mag, dann muss er schon ein besonders guter Kerl sein."

Doch was ist das Tolle an Kartoffeln? In einem Wort: Vielseitigkeit. Sobald man glaubt, jede erdenkliche Art der Kartoffelzubereitung zu kennen, kommt schon eine neue hinzu. Und Schweizer Rösti erweitern die Möglichkeiten des Erdapfels noch mal ungemein. Ich liebe seine wunderbare Kombination verschiedener Konsistenzen: Außen knusprig, innen cremig – mit verlorenen (oder pochierten) Eiern ein ideales Katerfrühstück.

Am besten kocht man die ungeschälten Kartoffeln am Vorabend und legt sie in einen luftdichten Behälter in den Kühlschrank. Man sollte sie aber binnen 24 Stunden zubereiten. Falls Sie sie nicht vorkochen können, lassen Sie sie vor dem Schälen eine halbe Stunde abkühlen.

Eine kleine Warnung: Bedenken Sie im Umgang mit wabbeligen verlorenen Eiern Ihre zittrigen Hände!

Miltons Methode ☞ Die Kartoffeln schrubben und ungeschält in einen großen Topf kaltes, gesalzenes Wasser geben. Aufkochen und etwa 10 Minuten kochen lassen (sie sollten etwas weicher werden, aber doch schnittfest bleiben), dann abgießen und mindestens 30 Minuten abkühlen lassen. Die Kartoffeln schälen und mit einer Handraspel grob raspeln. Großzügig würzen und Knoblauch zugeben, gleichmäßig verrühren.

Die Butter mit dem Olivenöl in einer großen beschichteten Pfanne schmelzen. Sobald die Pfanne heiß ist, Kartoffeln hineingeben. Bei recht starker Hitze 5 Minuten garen. Sobald sich die Unterseite golden färbt, die Kartoffelmischung wenden (sie wird zu diesem Zeitpunkt noch nicht zusammenhalten), dann in der Pfanne zu 4 ungefähr gleich großen Küchlein von 2 cm Höhe formen.

Die Küchlein mit einem Spatel leicht in die Pfanne drücken und weitere 5 Minuten bei hoher Temperatur braten, dann wenden (nun sollten sie zusammenbacken) und die Hitze auf niedrig/mittel reduzieren. Jede Seite weitere 10 Minuten vorsichtig braten, ohne dass die Kartoffeln anbrennen.

Etwa 5 Minuten, bevor die Rösti fertig sind, etwas gesalzenes Wasser mit Weißweinessig aufkochen, um die Eier zu pochieren. Das Wasser hat die richtige Temperatur, sobald kleine Bläschen aufsteigen; es sollte noch nicht richtig kochen. Die Eier ins Wasser aufschlagen und bei niedriger bis mittlerer Temperatur 4–5 Minuten pochieren.

Die Rösti auf 2 Teller verteilen. Die Eier mit einem Sieblöffel aus dem Wasser holen, mit kaltem Wasser abschrecken und je ein Ei auf ein Rösti setzen. Mit Salz und frisch gemahlenem schwarzem Pfeffer bestreuen, servieren.

SMOOTHIE MIT BANANEN UND MARACUJA

3 Maracujas
—
2 sehr reife, weiche Bananen, grob gewürfelt
—
2 TL flüssiger Honig
—
300 ml Naturjoghurt
—
1 Becher Eiswürfel

SCHWIERIGKEITSGRAD: ★ ZEITAUFWAND: ★

Dieser Smoothie besänftigt zwar den Magen, ist aber keiner dieser langweiligen Magenberuhiger, die man erwarten würde, denn die Maracuja verleiht ihm eine köstliche tropische Schärfe. Manche Menschen sieben die Maracuja, um sich der Kerne zu entledigen, doch ich mag den Biss, den sie dem Smoothie verleihen; die kleinen schwarzen Punkte wirken wie die exotische Zeichensetzung in einem sonst fehlerfreien Satz.

Die Zubereitung ist nicht schwerer, als von einem Bürgersteig zu fallen (Sie erinnern sich doch noch?).

Miltons Methode ☞ Die Maracujas halbieren und das Fruchtfleisch mit den Samen auslöffeln. Die Hälfte des Fruchtfleischs einer Maracuja für die Garnierung aufsparen.

Das restliche Fruchtfleisch und alle anderen Zutaten in einen Mixer geben und so lange mischen, bis das Eis in der Masse aufgegangen ist.

In Gläsern servieren, mit dem aufgesparten Fruchtfleisch garnieren.

Sollten Sie Ihr Essen nicht selbst zubereiten können, dann bestellen Sie am einfachsten eine Pizza. Zum Glück ist das italienische Teigrad ideal, um drehende Mägen zum Stillstand zu bringen. Allerdings sollten Sie auf unsinnige Beläge verzichten. Damit meine ich alles, was Ihren Magen weiter verstimmen könnte, also vor allem scharfe oder fettige Fleisch- und Wurstwaren. Wenn Sie es denn über sich bringen, sollten Sie zudem sehr wenig Käse bestellen – ich persönlich kann allerdings nie genug davon bekommen, selbst eine vierkäsehohe Riesenpizza *(quattro formaggi)* ist kein Problem.

Eine besonders schlichte – und dazu recht gesunde – Variante des „neapolitanischen Pfannkuchens" ist die mit Spinat und Ricotta. Man kann aber auch die einfachste Pizza auf der Karte ordern und selbst für den Belag sorgen. Zum Frühstück bietet sich Spinat mit Ei an: einfach 5 Minuten vor dem Servieren ein Ei auf die Pizza schlagen.

6

DAS KOBOLDKARUSSELL

Dieser Kater ist weltweit gefürchtet, verkörpert er doch den absoluten Tiefpunkt in der Katerhierarchie. Er vereinigt sowohl physische als auch psychische Symptome, er ist ein wahrer Alptraum. Man könnte ihn genauso gut *Apocalypse Now* nennen, denn er ist so intensiv, dass Sie sich wie eine todgeweihte Figur in einem Hieronymus-Bosch-Gemälde vorkommen. Ohne Ihnen zu nahe treten zu wollen, Sie haben zu viel getrunken. Deshalb leiden Sie an Folgendem: Übelkeit, Schwindel, Kopfschmerzen, zitternden Händen, Schüttelfrost, Husten und durchdringenden Schmerzen am ganzen Körper. Zwischen Schmerz und Fieber tauchen gespenstische Visionen möglicher Erlebnisse der letzten Nacht auf, Dinge, von denen Sie nicht sicher sind, ob Sie wahr sind oder nicht. Sie haben schreckliche Schuldgefühle. Momente existenzieller Klarheit und tiefer Selbsterkenntnis wechseln sich ab mit dem Gefühl der Sinnlosigkeit. Das, so mögen Sie denken, ist Ihre persönliche Endzeit: Entweder geht die Welt unter oder Ihre eigene Teilhabe an ihr ist akut gefährdet. Dennoch würde ich als Allererstes ein Frühstück empfehlen. Vielleicht ist Ihnen nicht danach. Vielleicht bezweifeln Sie, überhaupt etwas zu sich nehmen zu können. Doch diese naturreinen Rezepte mit gesundem Essen sollten helfen, Ihre Übelkeit zu bannen und Ihren Pulsschlag zu normalisieren. Und falls Sie wirklich zu nichts in der Lage sind, dann bleibt wirklich nur viel Schlaf und viel Wasser.

SALAT MIT MELONE, FETA, MINZE UND SCHINKEN

1 kleine reife Cantaloupe-Melone, in Würfel geschnitten
—
100 g Feta, in Würfel geschnitten
—
½ kleine rote Zwiebel, sehr fein gewürfelt
—
1 kleine Handvoll frische Minze, fein gehackt
—
1 EL Balsamico-Essig von guter Qualität; etwas mehr zum Beträufeln
—
Salz und Pfeffer
—
4 dünne Scheiben Parma- oder Serranoschinken
—
2 Zweiglein frische Minze (nach Wunsch)

SCHWIERIGKEIT: ★ ZEIT: ★

Falls Sie es nach draußen schaffen und etwas Sonnenschein und frische Luft abbekommen, müssten Sie sich sofort besser fühlen. Das könnte natürlich nicht so einfach sein und kommt auf Ihre körperliche Verfassung an. Eines Katermorgens im Haus eines Freundes hat mich diese Bewegungsunfähigkeit zu einem Lied inspiriert. Ich habe es im wahnhaften Halbdelirium auf einem Sofa liegend gesungen. Es ging so:

Meine Beine sind wie Wackelpudding: ohne Knochen
Meine Beine sind wie Wackelpudding: ohne Knochen
Bitte ruft mir ein Taxi und findet mein Telefon

Damals war es mir völlig unmöglich, mich in einen Garten zu setzen. Sollte es allerdings sonnig und warm sein, dann machen Sie sich doch dieses frische, fruchtige und salzige Gericht, das in der Sonne am besten schmeckt.

Miltons Methode ☞ Melone, Feta, Zwiebeln, Minze, Balsamico-Essig und Gewürze in eine Schüssel geben und vorsichtig vermengen.

Den Salat auf 2 Tellern anrichten und den Schinken darüberschichten. Sollte Ihr Koboldkarussell nicht völlig außer Rand und Band sein und Ihnen nicht den letzten Rest ästhetischen Empfindens geraubt haben, dann wollen Sie den Salat vielleicht noch mit Balsamico-Essig beträufeln und mit einem Zweiglein frischer Minze garnieren.

FALSCHE EIER BENEDICT MIT RÄUCHERLACHS

4 mittelgroße Bio-Eier

—

1 Prise Salz

—

1 TL Weißweinessig

—

2 Frühstücksmuffins

—

1 kleine Handvoll frischer Schnittlauch, fein gehackt (8 ganze Halme zur Garnierung zurücklegen)

—

150 g Crème fraiche

—

frisch gemahlener schwarzer Pfeffer

—

Butter zum Bestreichen der Muffins

—

100 g Räucherlachs

—

Saft von ½ Zitrone

—

1 EL kaltgepresstes Olivenöl

SCHWIERIGKEITSGRAD: ★★ ZEITAUFWAND: ★★

Diese Variante der Eier Benedict mit Räucherlachs anstelle von Schinken oder Speck wird oft „Eier Royale“ genannt. Allerdings ist meine Version streng genommen eine Fälschung, da ich keine Sauce hollandaise verwende: Ich finde, sie ist schwer herzustellen und aufgrund ihrer klebrigen Konsistenz und äußerlichen Ähnlichkeit mit Vanillesoße auch noch recht unappetitlich. Hier hingegen eine einfache Alternative, die ich für frischer, sauberer und leckerer halte, aber auch weniger fettreich und unmäßig als das Original.

Die Ursprünge der Eier Benedict sind umstritten, doch meine liebste Geschichte erzählt von einem verkaterten Mann auf der Suche nach der Zauberformel für seinen ermüdeten Gaumen. Lemuel Benedict, so heißt es, betrat eines Morgens im Jahr 1894 das Waldorf-Hotel in New York, zeigte sich von der Speisekarte unbeeindruckt und bestellte Buttertoast, pochierte Eier, knusprigen Speck und Sauce hollandaise. Der Oberkellner ersetzte den Toast später mit Muffins und den Speck mit Schinken und nannte das Frühstück „Eggs Benedict“.

Wie auch immer, meine Version (Eier Crawford?) verzichtet sowohl auf Schinken als auch auf Sauce hollandaise, was die Verbindung zum Originalgericht plötzlich ziemlich dünn aussehen lässt. Doch egal, hier kommen: Eier Crawford à la Waldorf, sans hollandaise.

Miltons Methode ☞ Zum Pochieren der Eier einen Topf mit gesalzenem Wasser und einem Teelöffel Weißweinessig erhitzen. Sobald kleine Bläschen aufsteigen (das Wasser sollte nicht vollständig kochen), die Eier ins Wasser aufschlagen und bei kleiner bis mittlerer Hitze etwa 4–5 Minuten kochen.

Die Muffins in 2 Hälften schneiden und toasten.

Den gehackten Schnittlauch in die Crème fraiche rühren und mit etwas schwarzem Pfeffer würzen.

Die Muffins mit Butter und einem großzügigen Schlag der Crème-fraiche-Mischung bestreichen.

Die Eier mit einem Sieblöffel aus dem Wasser holen, vorsichtig mit kaltem Wasser abschrecken.

Jede Muffinhälfte mit einer Scheibe Lachs belegen, leicht hineindrücken, um eine leichte Kuhle für die Eier zu schaffen.

Auf jeden Muffin ein Ei anrichten, mit einem Spritzer Zitronensaft und etwas Olivenöl beträufeln, salzen und pfeffern. Mit Schnittlauchhalmen garnieren und sofort servieren.

TOAST MIT TAHINI UND TOMATEN

4 Scheiben dunkles oder Mehrkornbrot
—
2 EL Tahini-Paste
—
4 reife Tomaten von guter Qualität, in dünne Scheiben geschnitten
—
4 TL Sojasoße
—
1 Handvoll glatte Petersilie, gehackt, als Garnitur

SCHWIERIGKEITSGRAD: ★ ZEITAUFWAND: ★

Mein Freund und Nachbar Jimmy Unique, der so gut wie nie vor elf Uhr frühstückt, macht sich regelmäßig dieses Gericht. Am besten schmeckt es im Sommer, wenn die Tomaten am köstlichsten sind.

Wenn Sie simples, leckeres, reines und gesundes vegetarisches Essen mögen, werden Sie dieses Rezept lieben. Einfacher kann man ein Frühstück nicht zubereiten – also ideal für das Koboldkarussell.

Miltons Methode ☞ Das Brot toasten. Die Tahini-Paste großzügig auf alle Toastscheiben streichen. Die Tomatenscheiben über das Tahini schichten.

Etwa einen Teelöffel Sojasoße, je nach Geschmack auch mehr, über die Tomaten sprenkeln.

Die gehackte Petersilie über den Toast streuen und sofort servieren. Mit Messer und Gabel essen (wenn Sie versuchen, den Toast mit der Hand zu essen, kann es passieren, dass die Tomaten herunterfallen!).

O dass wir einen bösen Feind in den Mund nehmen, damit er unser Gehirn stehle! Dass wir durch Frohlocken, Schwärmen, Vergnügen und Aufregung

UNS IN

VIEH

VERWANDELN!

William Shakespeare *(Othello)*

TRADITIONELLES JAPANISCHES FRÜHSTÜCK

100 g Rundkornreis
—
2 EL eingelegtes japanisches Gemüse, z. B. Gurken, Daikon-Rettich, Kohl

Für die Lauch- und Kartoffel-Miso-Suppe:

10 g Dashi-Instantpulver (japanische Fischbrühe) oder Gemüsebrühe
—
500 ml kochendes Wasser
—
2 mittelgroße Kartoffeln, geschält und in kleine Würfel geschnitten
—
1 EL weiße Miso-Paste
—
1 Frühlingszwiebel, sehr fein gehackt

SCHWIERIGKEITSGRAD: ★★★★ ZEITAUFWAND: ★★★

Dieses Gericht mag nicht jedermanns (westlichem) Geschmack an einem Katermorgen entsprechen: ein Frühstück mit vielen Beilagen – Reis, gegrillter Fisch, Misosuppe, eingelegtes Gemüse und japanisches Omelette – und einigen eher obskuren Zutaten.

Andererseits ist es so rein, ganzheitlich und nahrhaft, wie ein Frühstück nur sein kann. Wenn Ihnen also heute überhaupt zu helfen sein sollte, dann hiermit.

Dennoch empfehle ich jedem, verkatert tunlichst auf Tofu zu verzichten (Vegetarier, jetzt dürft ihr mich hassen!); ich behelfe mir stattdessen mit Kartoffelwürfeln.

Miltons Methode ☞ Den Reis nach Packungsanleitung kochen.

Misosuppe: Dashi in einen Topf kochendes Wasser geben, die Kartoffeln dazu und bei mittlerer Hitze etwa 6 Minuten köcheln lassen, bis die Kartoffeln gar sind.

Etwas Suppe in eine Schale löffeln und das Miso darin auflösen. Die Mischung schrittweise wieder in die Suppe zurückgießen. Vorsichtig rühren, die Suppe darf nach Zugabe des Misos nicht mehr kochen. Vom Herd nehmen und die gehackte Frühlingszwiebel zugeben. Heiß in kleinen Schalen servieren.

Für den Fisch:

2,5 cm langes Ingwerstück, frisch und fein gehackt

—

1 Frühlingszwiebel, fein gehackt

—

2 EL Sojasoße

—

2 x 150 g Lachsfilet

Für das Omelette (Tamagoyaki):

3 mittelgroße Bio-Eier

—

1 TL Zucker

—

2 TL Sojasoße

—

1 TL Bonitoflocken oder Dashi-Pulver (nach Wunsch)

—

Pflanzenöl zum Braten

Fisch: Ingwer, Frühlingszwiebel sowie Sojasoße vermengen und über die Lachsfilets gießen. Etwa 15 Minuten bei Raumtemperatur ruhen lassen.

Etwas kochendes Wasser in die Grillpfanne gießen und die Fischfilets auf den Grillrost darüber legen (so trocknen sie nicht aus). Den Fisch bei mittlerer Hitze etwa 5–6 Minuten pro Seite grillen.

Omelette: Die Eier, Zucker, Sojasoße und, nach Wunsch, Bonitoflocken gründlich vermengen.

Etwas Pflanzenöl bei mittlerer Temperatur in einer kleinen beschichteten Pfanne erhitzen, die Eiermischung zufügen. Die Eier mit einem Holzlöffel vorsichtig rühren, damit das Omelette luftig bleibt.

Wenn die Eier halbgar sind, das Omelette zu einem Halbkreis formen, dann an den runden Seiten zu einem Rechteck einklappen. Zuletzt die Enden so zusammenfalten, dass das Omelette wie ein kleines quadratisches Päckchen aussieht. So entsteht der „geschichtete" Effekt, der typisch für japanisches Omelette *(Tamagoyaki)* ist.

Das Päckchen wenden und weitere 2 Minuten braten. In Viertel schneiden.

Die japanische Etikette sieht vor, die Reisschale links und die Schale mit Misosuppe rechts zu servieren. Den Fisch auf einem extra Teller, das eingelegte Gemüse und das Omelette jeweils in kleinen Schüsseln darreichen. Und jetzt testen Sie mit den Stäbchen Ihre verkaterte Motorik ...

KAROTTEN-ORANGEN-APFEL-INGWER-SAFT

2,5 cm langes Stück frischer Ingwer

—

3 mittelgroße Karotten, geschält

—

3 mittelgroße Orangen, geschält

—

2 Cox-Orange-Äpfel, geschält, entkernt und gewürfelt

Schwierigkeitsgrad: ★ Zeitaufwand: ★

Mir ist klar, dass allein der Gedanke an Essen in Ihrem Zustand abstoßend sein kann, doch schon der kleinste Versuch, sich gegen Ihr Leid zu stemmen, hat eine nicht zu unterschätzende psychologische Wirkung (man sollte niemals die Psychologie eines Katers unterschätzen). Dieses sehr einfache und gesunde Elixier enthält auch Ingwer – ein bekanntes „Antiemetikum", das Übelkeit und Brechreiz lindert – und könnte ein erster Schritt auf dem Weg zur Gesundung sein. Es riecht förmlich nach Heilung. Und wenn Sie schon den Aufwand betreiben, sich zu reinigen, dann empfehle ich Ihnen die Verwendung von Bio-Produkten.

Auf jeden Fall benötigen Sie eine richtige Saftpresse (kein einfaches Mixgerät), um die Äpfel und Karotten zu entsaften. Sollten Sie keine besitzen, müssen Sie Ihr Frühstück neu überdenken – oder zurück ins Bett gehen.

Miltons Methode ☞ Obst und Gemüse nach Anleitung Ihrer Saftpresse vorbereiten, dabei sicherstellen, dass die Stückchen in den Einfüllstutzen passen. Erst den Ingwer, dann die restlichen Zutaten in die Presse geben. Nachdem Sie alle Zutaten entsaftet haben, den Saft in Gläser füllen, gut verrühren.

Der naheliegendste Ort für Sie ist der Bioladen, den Sie, wenn möglich, in bußfertiger Haltung betreten sollten. Sie sind vielleicht schon Stammkunde. Wenn ja, nehmen Sie wie üblich Linsensalat zum Mitnehmen. Sollten Sie aber erstmals diese Art von Lebensmittelgeschäft betreten, so hüten Sie sich (egal ob mit oder ohne Kater) vor TOFU. Dazu zeigen Sie auf das Gericht, das Sie gerne kaufen würden, und fragen die Person an der Theke mit lauter, klarer Stimme: „Enthält das da Tofu?" Sollte die Antwort positiv sein, sollten Sie jegliches Interesse an fraglichem Produkt sofort negieren.

Vorgefertigte Frucht-Smoothies sind in Ihrem fragilen Zustand eine Investition wert. In guten Bioläden gibt es sie ohne Beigabe von Wasser und Zucker. Sie gaukeln einem eine mögliche Gesundung vor, und das allein ist – ganz egal, ob es Sie wirklich weiterbringt – von unschätzbarem psychologischem Wert.

MILTON CRAWFORDS PERFEKTER KATERTAG

Gibt es den idealen Katertag überhaupt? Nun, ich stelle mir darunter einen Tag vor, an dem der Kater meine Sinne schärft und ich mich dennoch in einem benebelten, müden und verträumten Zustand von Katerseligkeit befinde. Es ist ein wenig wie der erste Morgen nach einem Schiffbruch, und man begreift ganz plötzlich, wo man gelandet ist: auf einer unberührten Insel mit weißem Sandstrand, auf dem jede Menge grüne Kokosnüsse voller kühler Limonade herumliegen.

Dieser gelungene Tag erfordert gewisse Voraussetzungen, die sich meinem Einfluss entziehen. So muss es sonnig sein. Und warm. Mit einem Kater zu bibbern ist ganz und gar nicht gut.

Nachdem ich die Vorhänge nur so weit zurückgezogen habe, dass die Sonne mein Gesicht streicheln kann, begebe ich mich in die Küche und mache mir einen frischgepressten Saft aus sizilianischen Blutorangen und Granatäpfeln. Ich trinke ein Glas dieser dunkelroten, üppigen Herrlichkeit, dann schnappe ich mir ein paar Limonen und eine eiskalte Flasche Sprudel aus dem Kühlschrank und bringe mit einem großen Glas gesalzener Lime Soda (siehe S. 64) meinen Wasserhaushalt in Ordnung. Ich vermeide unter allen Umständen Koffein; ich will entspannt sein, nicht nervös.

Dann gebe ich mich inmitten all der Flaschen, die das Wohnzimmer wie Treibgut an einem Katerstrand übersäen, einem Aberglauben hin: Sollte ich letzte Nacht Wein getrunken haben, stecke ich in haitianischer Voodoo-Tradition 13 Nadeln in einen Korken, um die bösen phenolischen Geister zu vertreiben, die meine Frontallappen heimsuchen.

Dann beginne ich damit, die Trümmer des Gelages der letzten Nacht beiseitezuschaffen; ich fische in einem Meer aus grünen Flaschen, die vom hereinbrechenden Sonnenlicht durchflutet werden. Wenn ich die Dinge, die um mich herumliegen, auflese, ist es, als würde ich mich selbst neu zusammensetzen.

In der Wärme eines Sommermorgens radle ich dann los, ins Freibad oder, noch besser, an einen See oder Fluss. Ich schwimme ein wenig, lasse mich auf dem Rücken treiben und genieße die wohligen Sonnenstrahlen.

Von diesen sanften Leibesübungen großartig erfrischt, treffe ich mich zum Mittagessen mit einem lieben Freund. Was ich esse, hängt natürlich von meinem Katertyp ab, doch zählen Schweizer Rösti mit pochierten Eiern und falsche Eier Benedict mit Räucherlachs zu meinen absoluten Favoriten.

Nach einem guten Plausch und womöglich einer kurzen Zeitungslektüre (oder ein paar Zeilen aus einem Buch mit viel misanthropischem Humor) ziehen wir vielleicht weiter unter einen riesigen, schattigen Baum im Park, eventuell mit einer kalten, sprudelnden Flasche alkoholischen Inhalts ausgestattet. Oder wir starten zu einer kleinen Landpartie und kehren für eine herzhafte Brotzeit in einen idyllischen Biergarten ein.

Und danach ... wer weiß? Manchmal lasse ich mich nur zu gern vom Schicksal dahintreiben.

Sie sehen, ganz so liederlich, wie Sie vielleicht gedacht haben, bin ich nun doch nicht: Mein perfekter Katertag besteht im Wesentlichen aus Sonnenschein, leichter körperlicher Betätigung, frischer Luft, Fruchtsaft und guter Gesellschaft; also den wirklich wichtigen Dingen im Leben (vom Fruchtsaft einmal abgesehen).

Danksagung

Weit habe ich es gebracht, seit der (gar nicht so fernen) Zeit, als eine Zigarette und der Gang in die nächste Kneipe meiner Vorstellung von einem gelungenen Katerfrühstück recht nahe kamen. Diese Bekehrung habe ich zu großen Teilen meiner Kater-Muse zu verdanken, deren Namen unerwähnt bleibt: Sie weiß, wer sie ist. Mit ihr habe ich in Prag mein liebstes und auf jeden Fall merkwürdigstes Katerfrühstück geteilt. Damals bin ich nach einer Nacht mit tschechischem Bier und polnischem Wodka aus unserer Wohnung getorkelt und habe in einem Feinkostladen zufällig auf diese und jene Delikatesse gedeutet, während die Muse im Bett auf mich wartete. Ich habe den Laden mit einem Grillhähnchen, Rollmöpsen, einer Tafel Zartbitterschokolade, einem Laib Brot und einer großen Packung mit losem Tee verlassen. Zurück in der Wohnung, haben wir alles in der Badewanne liegend verzehrt. Ich habe die Wanne nur einmal verlassen, um eine Flasche schwarzen Wodka aus dem Kühlschrank zu holen. Mit der Flasche und zwei Gläsern bin ich schnurstracks zurück ins herrlich heiße Wasser geflüchtet. Das waren noch Zeiten.

Mehr als jedem anderen möchte ich aber Graeme Rodrigo von 300million danken, der der unfertigen Idee dieses Buches eine so wunderbare Form gab. Der Dank gilt auch all den anderen tollen Menschen bei 300million, vor allem Matt Baxter und Katie Morgan, die für die Illustrationen verantwortlich zeichnen.

Anna Mayer, Thomas Macken und „Dobber" stellten freundlicherweise ihr Rezept für ein fantastisches mexikanisches Frühstück zur Verfügung. Dank an Jimmy Robertson, dem ich das Tahini-Toast-Rezept verdanke, der einige Rezepte nachkochte und bei weiteren Gerichten als Versuchskaninchen (mit konstruktiven Vorschlägen) fungierte. Dank auch an Tomomi Kojo-Robertson, die beim japanischen Frühstück mithalf und sogar von meinem Essen kostete, sowie an Simon Telfer, der das Chorizo-Omelette verschlang.

Dank an meinen Agenten Andrew Gordon, der wie gewohnt all sein Können in die Waagschale warf, um eine ungewöhnliche Zusammenarbeit zu koordinieren. Dank auch an meine Lektorin Rosemary Davidson und ihr Team von Square Peg sowie an Jan Bowmer, dessen redaktionelles Talent und kulinarisches Wissen eine Vielzahl von Rezepten in diesem Buch erheblich verbesserte.